心とくらしが整う 禅の教え

曹洞宗八屋山普門寺副住職
公認心理師／臨床心理士
[illegible]洋

《目次》

第2章 禅式そうじで住まいと心を磨く

第3章 禅の教えをくらしに取り入れる

第4章 「心とくらしが整う」お悩み相談室 127

装丁・本文デザイン／嘉生健一
構成・取材／岩原和子
写真／キッチンミノル
イラスト／霜田あゆ美
校正／みね工房

序章

くらしを整え、心身の安定を保つ

はじめに

「コロナウイルス」「クラスター」「PCR」「ロックダウン」。

これらは、2019年12月以前、ほとんどの人にとって聞き慣れないものでしたが、もはや誰もがあたりまえに使用する言葉になりました。この変化は、かつての「あたりまえ」が崩れ、すでに私たちが新たな「あたりまえ」を歩んでいる証拠といえるでしょう。

実際、外出時のマスク着用や自粛生活があたりまえとなり、そうした中で、相対的に家の中での生活時間が増えました。それにともない、今まで以上にスマホやパソコン、タブレットの画面を見る時間が増えたことから引き起こされる諸々の不調、体を動かさないがゆえの体力低下、正誤入り乱れる情報の氾濫による慢性的な不安、顔を合わせる時間の増えた家族間の心的葛藤など、生活スタイルの変更を余儀なくされたことによる、体と心への影響も深刻です。

しかし、「深刻だ、深刻だ」といつまでも手をこまねいているわけにはいきません。何とか問題を解決せねばなりませんが、その一歩として「新たな環境にどのように適応していくか」という視点を持つことが重要です。本書の目的もまさにそこにあるのですが、適応の方法には、

1　環境調整……自分を取り巻く環境（社会や他者）を変える

2　自己調整……自分のあり方を変えて環境に適応する

の二つのルートがあり、本書が取り上げるのは主に2です。もちろん、社会的な生き物である私たちにとって、1のように環境側へアプローチし、よりよい方向へ状況が進むようにアクションを起こすことは大事です。しかし、現在の世界全体を巻き込むほどの未曾有の環境変化の中では、まずは自分にできることの中で、自己の心身の安定を確保すること、つまり、自己調整が優先されます。

ですが、これがなかなか一筋縄ではいきません。環境の変化にともなって、今までの行動パターンが通用しなくなるだけで、私たちは大きなストレスを感じます。なぜなら、これまでのやり方を手放し、一から新たな状況との妥協点を見つけていかなければならないからです。そのためには心身ともに膨大なエネルギーを必要とします。このように聞くと、お先真っ暗な気持ちになるかもしれませんが、禅仏教にはそれを解決に導くヒントが多分に含まれています。

その禅仏教とは、「自己の生活や、あり方を整える実践」を通して、同時に心も整っていく生き方（考え方と実践）のことをいいます。自分で心を整えようと必死にがんばることでは決してありません。

私は現在、広島県広島市にある曹洞宗八屋山普門寺で副住職をし、公認心理師／臨床心理士として病院でも働いていますが、それ以前は福井県にある曹洞宗大本山永平寺で二年二カ月にわたり仏道修行に没頭する日々を送っていました。そこでは坐禅をすることだけが修行なのではなく、炊事、食事、そうじ、片づけ、洗濯、排泄、睡眠といった、日常的に行うあらゆる行為が修行、つまり仏の道となります。そして、これらの行いすべてが「自己の生活や、あり方を整える実践」なのです。

ここで、あなたは「坐禅以外は自分もやっていることだけど……」と思われたかもしれません。それはそうなのですが、ここでのポイントは、その行いが、「禅の教え」にのっとっているかどうかです。

仏教では、基本的に「今、ここ」ということを大切にし、禅でも「而今（にこん）」や「即今（そっこん）」と称して重視します。というのも、私たちが過去や未来をとらえようとするとき、それはあくまでも今ここの時点から想像（思考）した産物に過ぎず、現実そのものではないからです。現実とは、まさに今ここ、この瞬間にしか存在しないにもかかわらず、ふだんの自分はどうかというと、今ここを生きているはずなのに、頭の中は過去や未来のことでいっぱい、ということが多いのです。つまり、自分では現実を生きているつもりでも、実際は頭の中に自分で作り上げた空想世界を生きているにほかなりません。

どうでしょう、思いあたるふしはありませんか？　悩みにとらわれているときには心ここにあらずで、誰かと会話をしていてもどこか上の空。誰にでも経験のあることです。ましてや、現在のように大きな環境変化にさらされている真っただ中であれば、なおさらでしょう。

そのような空想世界から現実に引き戻すのが、じつは禅の修行です。今ここの自己の「ありよう」をじっくりと味わう「坐禅」に始まり、ほかのすべての行いをその「坐禅」と同じあり方で実践する。言い換えるならば、「今ここ、この瞬間の自己の営みをていねいに行い、その体験をじっくり受け止め、感じ、味わう」といったところでしょうか。

まずは、そのような意識で、自分の日頃の行いを振り返ってみましょう。もしもそこで、何かしら心に引っかかることがあったなら、本書に書いてある内容〈炊事、食事、そうじ、片づけ、洗濯など〉のどれか一つでもいいので、実践に移してみてください。

するとおそらく、これまで気づかなかった自分の感情や認識、行動パターンなどに、ポツポツと気づきが生じてくると思います。そこで大事なのは、それらを、いちいち自分の価値基準でジャッジせず、「あぁ、自分は○○と思っているのだな」と、ただそのまま受け入れることです。

ときには、自分の中のどす黒い感情に気づくことがあるかもしれません。それでも、ありのままに受けとめるのです。善い悪いではなく、そういう思いが自分にはあるという現実を、ただ眺めるだけでかまいません。そんな気持ちを持つ自分のことを、穏やかに許してあげましょう。

このように自己を見つめながら、自己のあり方を整える実践、つまり、くらしを整えることをやっているうちに、知らぬ間に心が整い、心身の安定が保たれます。そうなれば、環境の変化にほんろうされることなく、新たな環境にしなやかに対応できるようになるでしょう。

本書には、日常生活の中で実践できる禅仏教の智慧がちりばめられています。あなたが、それらを通して自己と向き合い、心安らかな日常生活が送れるように、ともに歩んでいきましょう。

なお、本書は二〇一六年に発刊されました拙著『禅に学ぶくらしの整え方』の内容を、現在の「ｗｉｔｈコロナ」の私たちの日常に対応する形で、一部新たな書き下ろしを加えて構成し直した「リニューアル版」です。前作をお持ちの方は、どうぞご留意ください。

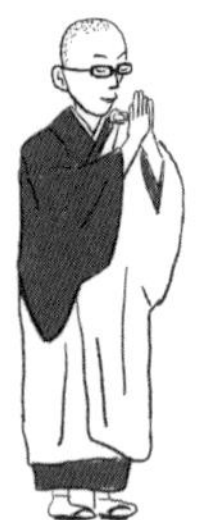

第1章

食は心と身体を整える

禅では、食事にしっかり向き合います

日常のすべての行為が修行とされる禅の中でも、食事は坐禅、そうじと並ぶ、基本の修行です。禅の食事は精進料理ですが、一般的な「精進料理」のイメージは「肉や魚を使わない、野菜中心の料理」でしょう。でも、それだと「野菜料理」と呼んでもいいわけです。厳密にいえば精進料理では、にんにくやねぎ、玉ねぎなどを使うことが禁じられていますから、禁止食材を使わない野菜料理です。

また、「精進」とは「仏道修行に励むこと」ですので、その意味を加えれば、「修行に励む僧侶が食べそうな野菜料理」となります。しかしそれでも、ただの野菜料理と何が違うのかがあいまいです。私は自坊で精進料理教室を開いていますが、教室を始めるにあたって、精進料理とは何なのかを明確にしておきたいと考えました。そこで、「永平寺の食事が、そのまま精進料理だったんだな」と気づいたのです。

「精進」から導かれるもう一つの意味合いは、「食べること自体が修行となる料理」です。この修行とは、禅の食事作法を理解して、実践すること。料理が目の前に運ばれてきた段階では、まだ単に野菜料理ですが、そこに自分の行為を加えることによって精進料理となるのです。つまり「食べる行為」が大事であり、その食べる行為とは何かというと、食事作法を通してまさに「今この瞬間」の体験のことを指すのです。

禅寺では、何かの行為をする前に「偈文（げもん）」というお唱えごとをして、その行為に向き合う心の準備をするのですが、食前のお唱えごとの代表的なものに、「五観の偈（げ）」があります。これは食事に対する心がまえで、一般の方にとっても意味のある内容だと思いますので、簡単にご説明しましょう。

●一（ひとつ）には功の多少を計り、彼（か）の来所（らいしょ）を量る
（目の前の食事を生産した人々の苦労を思い、自分のもとに運ばれてくるまでの経緯や手間を想像してみましょう。この食事は、生産者、流通の人、小売りの人、買う人、つくる人、食べる人がいて、はじめて成立します。一人でも欠けていたら、まったく同じものは成立せず、一期一会の関係であることを知ることが大切です）

●二（ふたつ）には己が徳行の、全欠を忖（はか）って供（く）に応ず
（この食事を食べる資格が自分にあるかどうか、自らの行いを振り返る必要があります。私たちは食事を「食べてあたりまえ」の存在ではありません。多くの素材の命を奪って成り立っている食事を、私たちは一方的に食べていいのでしょうか。しかし私たちは、たくさんの命を奪わなければ生きていけない存在です。その現実をしっかりと理解して、それらの命に感謝し、命に報いるような徳のある生き方をしましょう）

●三（みっつ）には心（しん）を防ぎ過（とが）を離るることは、貪等（とんとう）を宗（しゅう）とす

（修行とは心の汚れを清めることであり、自分の中の貪り・怒り・愚かさと向き合うことが大切です。「他の人よりも多く食べたい」「おいしいものを食べたい」といった貪欲や、空腹時に表れやすい怒り、「多くの人の手を経て食事が成立していること」や「尊い命をいただいていること」を知らずに食べる愚かさを払いましょう）

●四には正に良薬を事とするは、形枯を療ぜんが為めなり

（食事は、やせ衰えるのを防ぐ良薬です。人は食べ物を摂らないと生きていけません。この食事が自分を生かしてくれているのだという自覚を持ちましょう）

●五には成道のための故に、今此食を受く

（お釈迦さまと同じ覚りの実践として、この食事をいただきます。つまり、お釈迦さまと同じような心持ちで食事に向かい、同じような食べ方でいただきます）

　五で挙げられている「食べ方」とは、食事作法にのっとって食事をいただくということです。その具体的な作法として、私は次の五つを大事にしています。

①姿勢を正す　②箸や器を扱うときには、必ず両手で扱う　③口にものを入れているときには箸を置いて、手はひざの上に置いておく　④しゃべらない。音を立てない　⑤食事の最後にお茶で器を洗い、そのお茶も

すべて飲み干す。

両手で箸や器を扱うのは、物事をていねいに扱うということに加え、一つの器を手にしているときには、その器のものだけをいただく。ほかの器の料理に浮気をせずに、今、手に持っている料理としっかり向き合うということです。また、咀嚼(そしゃく)中は手をひざに置きますから、ほかのものを口に入れることなく、口の中のものとちゃんと向き合う。最後にお茶で洗うのは、すべてをいただき切るということです。こうした作法で食事をすると、食べる行為が「今この瞬間」の体験だと感じられます。ぜひ一度、試してみてください。

まずはキッチンを整えましょう

「五観の偈」にあるように、食事とは、尊い命をいただいて、自分を生き長らえさせるもの。そんな食事をつくるキッチンは、非常に重要な場所です。禅では、作法にのっとって料理をつくる場所ですが、その作法とは、「お釈迦さまのありようとしてつくる」ということです。命としっかり向き合って、料理をつくる。ですので、食材を無駄にすることなく、ていねいに扱います。

そしてそのためには、ていねいに扱える環境をつくっておく必要があります。ごちゃごちゃしているところで、ものをていねいに扱うのはむずかしいもの。すっきりしているからこそ、ていねいに扱えるのです。ということは、環境づくり、つまりキッチンを片づけるところから、すでに調理はスタートしているのです。

ものが多すぎると、片づけにくくなってしまうのは、キッチンもほかの部屋も同じです。キッチンでとくに多いのが調理器具や道具類。にんにくの皮むきやアボカドカッターなどのいわゆる便利グッズは、便利なようでいて、それだけにしか使えず、ものが増える原因になります。

そういうグッズをいくつもいくつも持つよりも、ちゃんとした包丁が一本あった方が、結果的に快適です。キッチンが乱雑になるのを防げますし、調理後の洗いものも少なくてすみます。ものを増やさないためには、多様性のある、シンプルでいいものを持つことが大事なのです。買ってはみたけれど、あまり使っていない、出番がないというグッズは、思い切って処分しましょう。

使用頻度の低い専門性の高いもの、たとえば蒸し器などがあるのなら、それを使うような生活をする、というやり方もあります。その道具を、日々の調理のレギュラーメンバーにするのです。そうすると、料理のレパートリーが広がり、ほかに何が必要かもわかってきます。いつか使うかもしれないから、とりあえず置いておく、というのでは、結局のところ、使わないまま置き続けるだけになってしまいます。蒸し器などをしまい込むと、出すのが面倒になりますし、あることを忘れて、シリコンスチーマーを買ってしまったりもします。蒸し器を日々使っていたら、シリコンスチーマーは買わなくてもいい、と思えるでしょう。

また、キッチンを片づけやすくするためには、ものの置き場所や置き方、置く向きが合理的かどうかを考えることも大切です。鍋や調理器具、道具類、器などが、最初にたまたまそこに置いたから、何となくそのままになっている、ということも少なくないもの。ものが取り出しやすく、しまいやすい状態になっているかどうか、一度チェックしてみるといいでしょう。

もののしまい方としては、基本的に大きいもの、重いものは下の方、こまごましたもの、軽いものは上の方に置きます。日常よく使うものは手前に、ときどきしか使わないものは奥に置いたり、あるいは使用頻度によって置き場所を変える必要もあるでしょう。また、ものをしまうときには、ものの向きにも気をつけて、向きを揃え、まっすぐに並べるようにします。その方が取り出しやすいですし、ものが整然と美しく納まっていれば、気持ちよく使えます。

要は、ものをいいかげんに片づけるのではなく、使い勝手を考え、きちんと置き場所を決めて、片づけるようにするということです。場当たり的に片づけていると、次に使うときに、どこにしまったのかがわからなくなり、ものを探すところから始めるはめにもなりがちです。ものはあるべきところに置いて、そこへ戻す。このことは、曹洞宗(そうとうしゅう)の開祖である道元禅師が書かれた永平寺の生活ルールブック『永平清規(えいへいしんぎ)』の中の「典座教訓(てんぞきょうくん)」(調理などの台所仕事の心がまえを説いたもの)にも記されています。

収納場所が少ないのなら、自分で棚をつくるといった工夫をすることも大切です。ホームセンターなどに売っているボックスなどを利用するのも一つの方法。ただし、そうしたものを買うときは、何センチのものが入るのか、高さや幅、奥行きをきちんと計ってから行くようにしましょう。買ってはきたけれど入らないでは、無駄なものを増やすことに

なってしまいます。

また、キッチンは見た目も重要です。その場所で自分のテンションが上がるのか、それともうんざりするのかで、調理へのモチベーションが大きく変わります。それも環境づくりです。ホームセンターに行けば、キッチンの色みなどを変えるようなものもいろいろ売られています。自分でカスタマイズしたキッチンなら、モチベーションがアップすることは間違いないでしょう。

ちなみに、ものがたまるということでは、保存のために冷凍した肉や魚などが、たまってしまうという話もよく聞きます。そうした場合は、月に1回くらい、冷凍庫の中のものだけで料理する日をつくるのがおすすめです。その日は、冷凍庫にあるものだけで工夫する。何か縛りがある方が、料理の発想が豊かになり、レパートリーが増えていきます。いくら冷凍していても、あまり長く置いておくと風味が落ちたり、干からびたりしてしまいますが、定期的に冷凍庫デーを設ければ、食材を無駄にすることもありません。

調理しながら片づけてしまいましょう

料理をするときに、一番大事なのは「つねに作業スペースを広く確保する」ということです。周囲にものがあふれかえっているのでは、当然調理はしづらくなり、物事をていねいに扱うことができません。また、目の前にたくさんのもの＝情報があると、あれもしなければ、これもしなければと頭が混乱してしまいます。

作業スペースが広いと、作業しやすいだけでなく、心の余裕も出てきます。余裕が出れば、次に何をすればいいのか、見通しも立てやすくなります。目の前にあるものが必要最低限であれば、まずこれをやればいいんだ、次にはあれと、手順が整理しやすくなるのです。つまり、作業効率が断然違ってきます。

スペースを確保するためには、最初に下準備として、生ゴミが出るような食材を、すべて切ってしまうのがおすすめです。何品かつくるのであれば、それに使うものを最初に全部切ってしまう。そうすれば作業スペースが、生ゴミや食品トレー、包装のビニールなどでごちゃごちゃになってしまうのを防げますし、その先の段取りもつけやすくなります。また食材を切っている間に、鍋を火にかけるなどの同時進行ができれば、時間の有効活用ができて、調理時間の短縮につながります。料理に慣れている人、料理上手な人は、切りながら野菜をゆでたり、ということができますが、それができない場合は、一番最初にお米を研いで、ご飯を炊きながら切ることから始めるといいでしょう。それだけでも同時進行になります。

調理の合間にこまめに洗いものをして、片づけてしまうことも大切です。調理中には、すき間時間ができることがよくあります。その時間を無駄にせず、片づけに利用するのです。たとえば鍋を火にかけている間、ずっと鍋の前で待っている必要はありません。たとえ1分くらいの間でも、洗いものができます。

とくに道具類に関しては、使ったら洗ってすぐに片づける。これをやっておくだけで、ずいぶんと違います。慣れてくれば、鍋を火にかけるのが中火で1分なら、弱火で2分くらいにして、その間を片づけにあてるということもできるようになるでしょう。このように片づけをコツコツすませておけば、シンクに汚れものがたまって、見るだけでうんざり、ということにもなりません、料理ができ上がったときに洗いものが最小限になっていて、後片づけも楽です。

そうじや
片づけがしやすい
普門寺のキッチン

私のキッチンは業務用で揃えています。使いやすく、そうじしやすく、超シンプル、というのがその理由です。ステンレスで統一したのは、そうじのしやすさを最優先にしたから。ステンレスは汚れが目立つので、つねにきれいにキープする意識も保てます。また、調理台をアイランド型にしたのは、動線を考えてのこと。アイランド型はコンロ台や食器棚への行き来がしやすく、調理中に無駄な動きをすることがありません。業務用なので、作業台の下を冷蔵庫にすることができたり、作業スペースを広くとれたりするのも魅力です。ちなみに、冷蔵庫が作業台の下にあるという形は、永平寺の厨房を参考にしました。

私はここで精進料理の教室を開いているので、生徒さんが入ってきたときに、美しく見える形、「わ、ここで料理をつくるんだ」と、テンションを上げてもらえる形であることも考えています。そのためにはまず、きれいであること。またプロ用の道具が揃っていて、雰囲気がかっこいいことも大事だと思います。

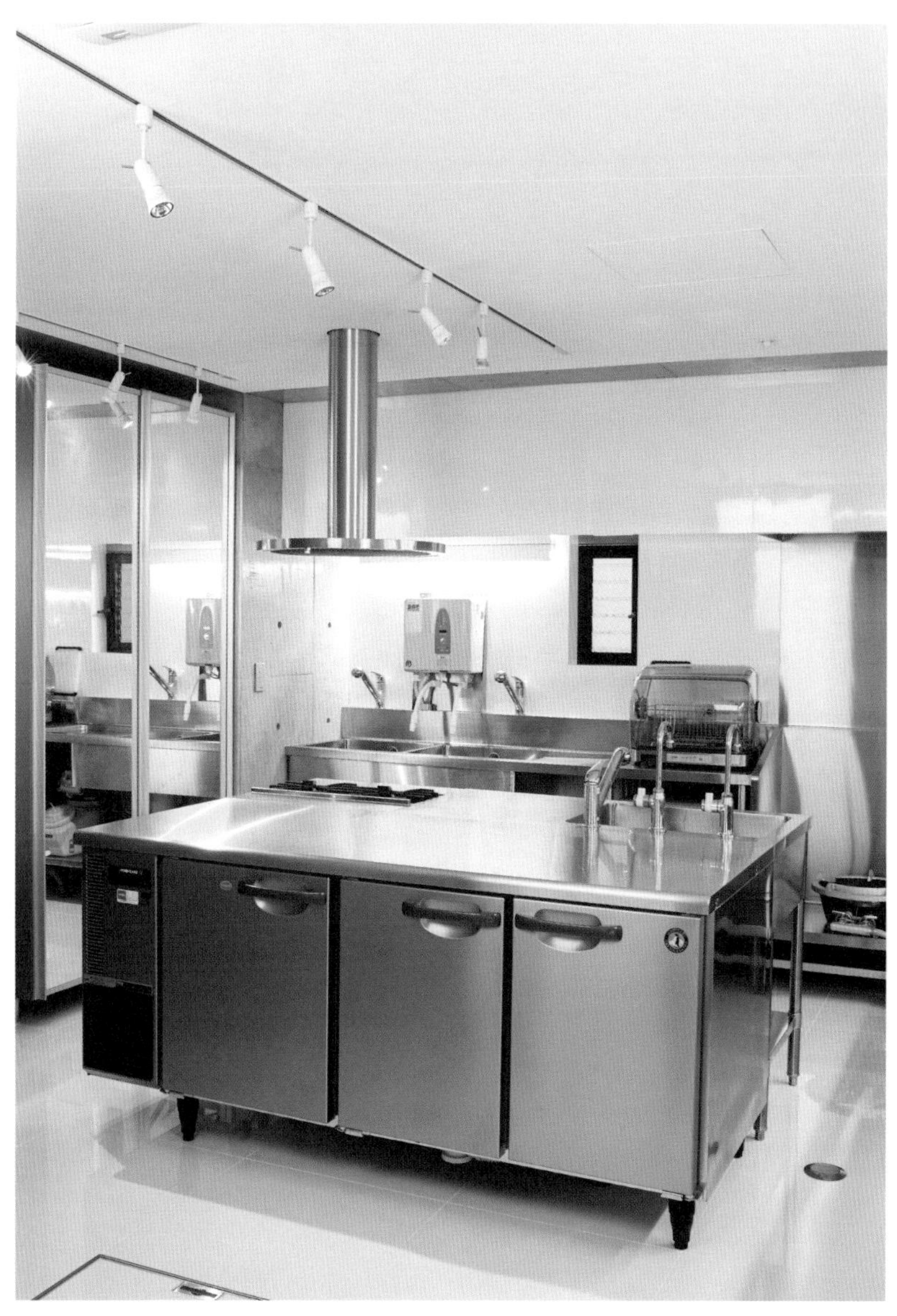

アイランド型の作業台は、料理教室の際にも使い勝手が上々です。

キッチンがきれいに整っていると、料理のモチベーションが上がります。写真は、精進料理に欠かせない昆布だしを準備しているところです。

大きい鍋が多いので、壁ぎわのシンクと調理台の下をオープンにして、そこを置き場所にしています。シンプルな造りは融通がきいて機能的です。

鍋・調理道具の収納

使用頻度が高い片手鍋やフライパンは、ポールにつり下げて収納。大きい鍋や両手鍋はオープン棚に並べています。

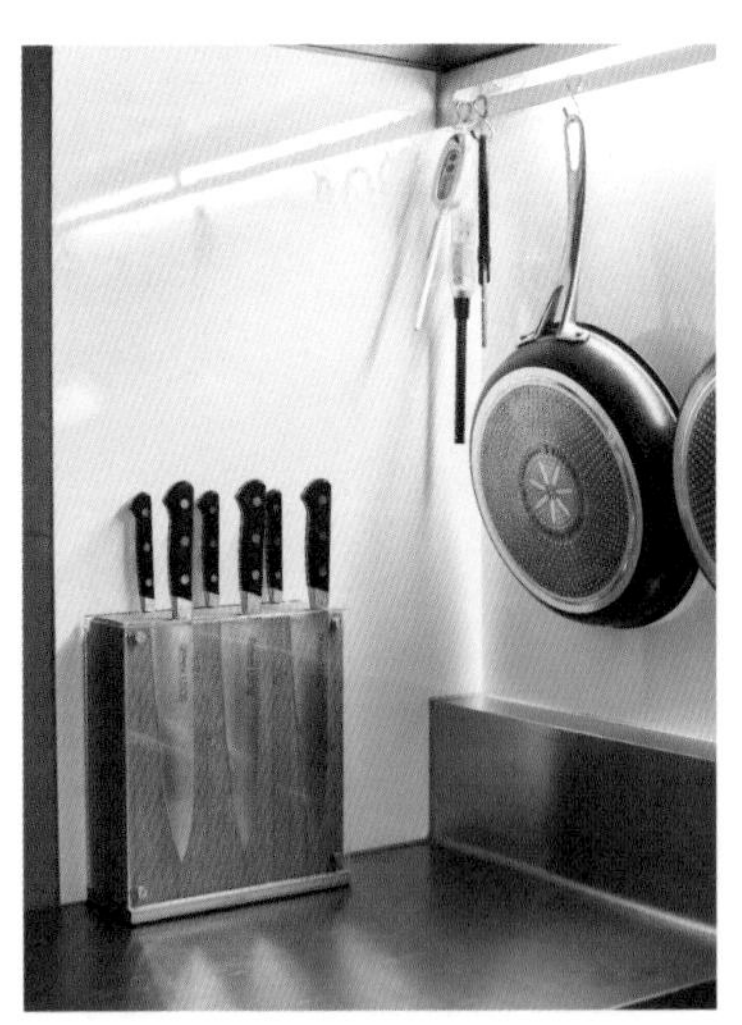

料理教室で使う包丁は、シンクわきに置いた専用ケースにまとめて収納しています。ケースごと調理台の方に持っていけるので便利です。

レードルやフライ返し、すりこ木、まな板などもポールにつり下げて。てぼの中にピーラーや計量スプーンなどの小さな道具を入れています。

戸棚の収納

奥にあるステンレスの引き戸棚の右半分に食器、左半分に乾物やタオルをしまっています。奥行きは浅めですが高さがあるので、かなり収納できます。

（右）食器は、椀もの、湯飲み類、小皿類などと、大まかに種類を分けて、棚に並べています。手が届きにくい上の棚には、ふだんあまり使わない撮影用の器などを置いています。

（左）使いかけの乾物の袋は、まとめてかごに入れています。タオルは棚にプラスチックの収納ケースを納めて、さっと取り出せるよう、畳んで立てて入れています。

道具類の収納はこうしています

私はよく使う片手鍋やフライパンを、つり戸棚の下のポールに下げています（Ｐ30写真参照）。戸棚などにしまうよりも、すぐに手に取れるからですが、これには、見た目の理由もあります。自分で選んだお気に入りの道具が、目につくところに整然と並んでいると、料理をしたいという気持ちがわき上がるのです。

つまり実用性だけではなく、モチベーションアップのためでもあり、これもまた、自分の気分を盛り上げていく環境づくりです。なお、このスタイルにしたのは、もともと幼い頃に、レストランの厨房の壁に、銅製の鍋やフライパンがずらりとかかっているのを見て、かっこいいなとあこがれたことがもとになっています。

鍋やフライパンだけではなく、よく使うレードルやフライ返し、みそ漉し、すりこ木、マッシャー、シノワ（漉し器）、小さなまな板などもつり戸棚の下のポールに下げて収納。ピーラーや計量スプーンなどの小さい道具や、持ち手につり下げる穴がないものは、麺を湯切りする〈てぼ〉の中に入れています（Ｐ30写真参照）。こうしておけば、さっと使えます。

大きい鍋や重い鍋、すり鉢などは、シンクや調理台の下のオープン棚へ。扉がないので、何があるのかがひと目でわかり、大鍋の出し入れも容易です。

取り扱いに注意が必要な包丁は、専用のケースにしまっています。私は洗いものの際に、真っ先に包丁を洗い、そのまま拭きあげて、ケースに納めてしまいます。シンクの中に包丁がある状態で、ほかの器を洗ったりすると、ケガをする危険性があるからです。また洗った後も、水切りかごに皿や茶碗などと一緒に入れると、やはり危ないですし、皿や茶碗とぶつかって、包丁の刃が欠けてしまう恐れもあります。なお、包丁は洗った後、水気をしっかり拭いておかないと、ステンレス製のものであっても切れ味が悪くなるので、注意が必要です。

食器類や乾物、タオルなどは、ステンレスの引き戸棚にしまっています。器は料理教室で使うほか、自分で料理写真を撮ったりもするので、撮影用のものもあり、一般家庭よりも数が多めです。大まかに種類を分けて、種類ごとに棚に並べています。また使いかけの乾物の袋は、プラスチックのかごにまとめて入れて、棚へ。使うときにはかごごと取り出せるので便利です。タオルは料理教室でも使うので枚数が多く、市販のプラスチックケースを利用して収納しています。

いい道具を持つと料理が楽しくなります

「道具はいいものを持つ」というのが、私の信条です。いい道具はやはり使いやすく、少々値が張っても、耐久性があります。道具に対する自分の扱いも、自然とていねいになり、長く使えるのです。中途半端な道具は、使い勝手があまりよくないので、すぐに別のものが欲しくなったりして、結局ものを増やすことになります。

私が調理道具を選ぶときに一番重視しているのは、洗いやすいかどうかです。それが調理の手際にも、後片づけのしやすさにも、大きく関わるからです。洗いやすさはわりと見落としがちかもしれませんが、洗いにくいものはだんだんと使わなくなり、やはりものを増やすことになります。となると、最終的にはシンプルなつくりのものに行き着きます。シンプルなものは強度もあるように思います。私はそうした観点から道具を探すので、業務用のものを選ぶことが多いです。業務用の道具は一般的にとても洗いやすく、拭きやすい構造になっています。よけいなものがついていないので水切れもよく、もちろん丈夫です。

おすすめの調理道具

私がふだん使っている調理道具です。
どれも機能的で使い勝手に優れています。
道具を選ぶときの参考にしてください。

片手鍋

ル・クルーゼの両手鍋

フッ素樹脂加工のフライパン

業務用の鍋やフライパンは、本体と持ち手が大きな留め金でくっついているだけのシンプルなつくりのものが多いようです。これらは、本体と持ち手の間に汚れや水がたまりにくく、とても洗いやすくて衛生的。持ち手が熱くなりますが、ふきんを巻けば問題ありません。フライパンは家庭で使うなら、フッ素樹脂加工のものが使いやすいと思います。

ル・クルーゼの鍋は煮ものだけでなく、炊飯や蒸しものをするときにも使っています。これ一つあれば、炊飯器も蒸し器もいりません。

※調理道具に関しましては、著者の私物のため、
現在同じデザインの商品の取り扱いがない場合があります。ご了承ください。

包丁は刀身に厚み、重みがある方が安定がよく、楽に使えます。もちろん切れ味は重要で、切れ味が悪いとよけいな力が入り、危険です。包丁の品質は値段に比例し、家庭用としては5千円ぐらいを目安に選ぶといいでしょう。

すり鉢は大きめの方が使いやすく、すりこ木はある程度の太さがあって長いものが、力を入れずにすれます。

傾けると水切りができるデザインのボウルは米研ぎに便利で、水で締めた麺の水切りも楽にできます。

おすすめの調理道具

このみそ漉しのセットは継ぎ目部分がシンプルで、洗いやすく衛生的。変わった形状のポテトマッシャーは丈夫で、蒸したじゃがいもなどをつぶす際に力が入れやすく、つぶした素材がつまりにくいのが秀逸です。どちらもオクソーの製品で、私はここのものがデザイン的にも好きです。

葛などを溶かすのに使うシノワは、底がとがっているため口径の小さい鍋にも入り、底が丸いものより水切れがいいので、戻したひじきを絞るときなどにも重宝します。

横口レードル

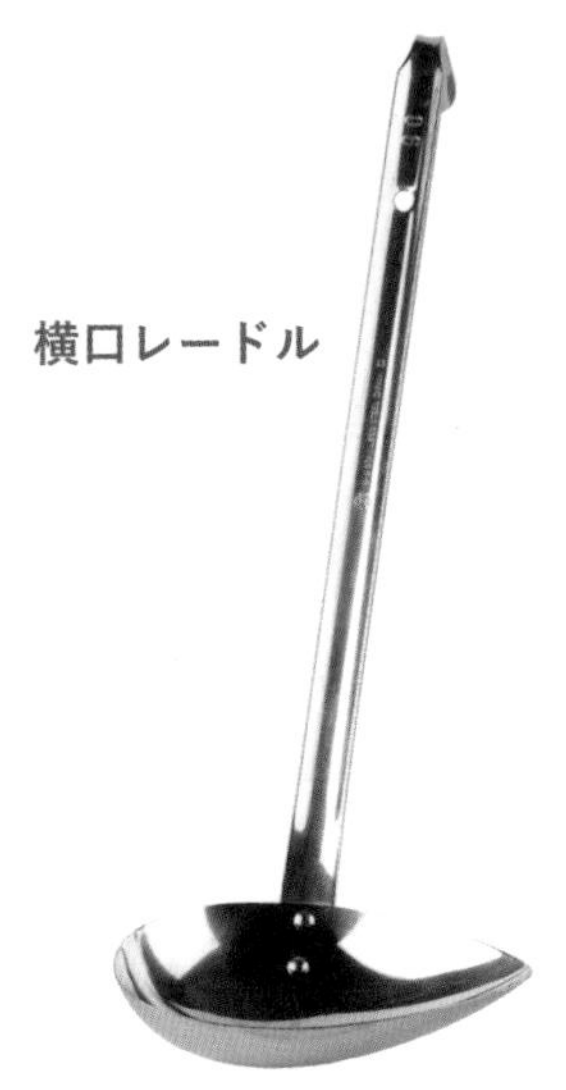

OXO（オクソー）の
タテ型ピーラー

横口レードルは通常のおたまより注ぎやすく、こぼれにくいのが利点。この製品には1杯分のグラム数が記されており、ざっと計るのにも便利です。

継ぎ目のない一体成型の穴あきのおたまは衛生的で、すくう部分がスプーンのような角度で、鍋にまっすぐに入れられて、狙ったものがすくいやすいのが気に入っています。

縦型のピーラーは包丁でむくように使え、りんごやトマトの皮まできれいにむけるので、包丁使いが苦手な人におすすめです。

おすすめの調理道具

※写真のプロシリーズは
現在は新しいモデルに変更になっています。

セラミックのおろし器は底にシリコンのすべり止めがついていて、おろすときに安定感があり、洗いやすい点も気に入っています。しょうがをおろすと突起部分に繊維が残り、うまく汁だけとれます。

グレーター（おろし器）は、もっぱらレモンやゆずの皮をおろすのに使用。切れ味がよく、ふんわりと細かくおろせます。目詰まりすることがなく、刃の部分が突き出ていないので洗うときも安全です。

へら部分と持ち手が一体成型のスパチュラ（ゴムべら）は、汚れがたまりにくく、衛生的です。

調味料は質のいいものを選びましょう

一般家庭の料理の味を決めるのは、食材のよしあしより、調味料の味が占めるウエイトの方が大きいと、私は思っています。調味料はいいものを揃えた方が、料理が断然おいしくなります。一度いいものを使ってみると、味の違いをわかってもらえると思います。

いいしょうゆや塩を使うと、調味料の種類も使う量も減ります。調味料は少々高くても、そう大量に使うものではありませんし、いいものを買うと、これはおいしいな、使えるなと感じて、賞味期限内にきちんと使い切れます。また、基本の調味料で味が決まるので、インスタントのなんとかの素や各種のドレッシング、調味だれなどを買わずにすんで、キッチンの戸棚や冷蔵庫がすっきりします。これが本当の、ものを使い切る方向の「もったいない」（Ｐ１０９参照）です。

容量の多い徳用品は、よほど大家族でないかぎり、必要ないでしょう。賞味期限内に使い切れず、そのうちに劣化して、最後は捨ててしまうことが少なくありません。大きいボトルはスペースをとりますし、安いものだと思うと、つい無駄な使い方をしたりもします。結局のところ、徳用品はまったくお得ではないのです。

必ずしも値段が高いものの方がいい、というわけではありませんし、味覚には個人差もありますが、きちんとつくられた、質のいい調味料を選ぶことをおすすめします。

私が使っている調味料は、次のようなものです。

●しょうゆ……濃口しょうゆは通常の煮ものに、白しょうゆは色を薄く仕上げたい煮ものに使います。白しょうゆは薄口しょうゆよりもさらに色が薄く、香りがいいのが特長で、お吸いものにも向いています。椎茸じょうゆは豆腐などのかけじょうゆにしたり、そうめんのつゆをつくるときに使ったりしています。私の地元、広島のメーカーの、川中醤油の製品は味のバランスがよく、おいしいと思います。

●みそ……八丁みそは赤出しのみそ汁にするほか、みそだれに。赤みそも通常のみそ汁のほか、すりごまと合わせてみそだれにもします。いいみそは食べてもおいしいものです。愛知県・岡崎市の合資会社八丁味噌〈カクキュー〉や大阪の大源味噌のものを使っています。

●塩……地元広島の海人の藻塩は、海藻由来のうまみがあります。野菜などの下ゆでは安価な塩で十分ですが、焼きものや炒めものの味つけには、こうした塩を使うとぐんとおいしくなります。

●酢……精進料理の膳には、味に変化を出すために酢のものが入るので、酢をよく使います。飯尾醸造の富士酢は酸味のカドがなく、まろやかで、酢のもののほかドレッシングなどにも使いやすいと思います。

●ごま油……中華系の精進料理に使うほか、がんもどきの中に風味づけに入れたりします。山田製油の金ごま油は、少量で香りが立ちます。

●日本酒……料理に適しているのは基本的に辛口で、飲んでもおいしいものを選んでください。いい日本酒はだしのカドをとって、まとめてくれます。広島は酒どころで、呉の地酒の水龍を使っています。

●みりん……私は料理にあまり砂糖を使わず、甘みをつけるのは基本的にみりんです。九重味醂の九重櫻はすっきりとした甘みで、そのまま甘いお酒として飲めるほど。白あえやみそ田楽など幅広く使えます。

●塩麹……数年前の塩麹ブームのときに使い始めました。大根の皮や白菜などにもみ込んで一昼夜置くと、おいしい漬けものになります。

●トマトジュース……トマトソースに使います。伊藤園の理想のトマトは、砂糖・食塩不使用で、酸味と甘みのバランスがよくて美味です。

●セロリ塩……セロリの香りが、料理のアクセントとしておもしろいと思います。私は豆腐を揚げたものなどにかけて、変化をつけています。

●塩レモン・レモスコ……広島県はレモンの生産量日本一。私はレモンそのものもよく使いますが、こうした商品もおすすめです。熟成藻塩レモンは漬けもののほか、ドレッシングやパスタソースに。唐辛子の辛みが効いたレモスコはしょうゆにプラスして、野菜や海藻と合わせます。

●吉野本葛……精進料理ではごま豆腐をはじめ、とろみあんなどに葛をよく使います。片栗粉よりも風味よく、なめらかさも別格。葛の本場、奈良県吉野の老舗、天極堂の粉末タイプは溶けやすくて便利です。

野菜は皮やへたまで全部使い切ります

禅では、食材を無駄にすることなく、食べるときもすべてをいただき切ります。ですから、野菜は「捨てるところがない」という前提で調理します。通常は捨ててしまうようなところでも、何とかして食べられるのではないか、という視点で素材と向き合うのです。後述しますが、調理次第で皮もへたもおいしく食べられます。野菜を全部使い切れば、ゴミが減らせて、ゴミの後片づけも楽になるでしょう。

そのためには、野菜を新鮮なうちに使い切る必要があります。しなびた野菜はどう調理しても、やはりおいしくありません。新鮮な野菜を選ぶのはもちろん、野菜をしなびさせないよう保存の仕方にも気を配りましょう。たとえば、なすは袋のまま冷蔵庫に入れるとすぐにしなびてしまいますが、湿らせた新聞紙やキッチンペーパーで包んでからポリ袋に入れて冷蔵すれば、2～3日は長く持ちます。そのひと手間が肝心です。

ひと手間かけることも、物事をていねいに扱う、ということです。ひと手間を惜しんだときには、そこに自分の面倒くさいという思いが出ています。その自分の心のありようにしっかりと向き合い、ちょっと面倒だなと思ったら、あえてその面倒なことをやってみる。それで本当に面倒だったかというと、大したことではなく、ほんの30秒ほどで終わることが大半です。後述するそうじや片づけと同様、我々は日々いかに面倒くさいという思いにとらわれているか、面倒を避けることをいかに優先して生きているか、ということでしょう。

皮やへたは捨てるもの、というのもとらわれです。皮やへたには、その野菜らしい滋味があります。ぜひ味わってみてください。

れんこんやじゃがいも、長いも、にんじんなどの根菜類の皮は、油と相性がいいので、素揚げにするか、油で炒めます。根菜の皮だけのかき揚げは、かなりおいしい一品になります。炒めるときは、ほんの少量の水を加え、蒸すような感じにすると、野菜のうまみが引き出されます。大根の皮は、2~3日、天日干しにして切り干し大根に。大根に限らず、ほかの根菜の皮を天日干しにするのもおすすめです。天日干しにすることで、水分が抜けて味が凝縮されるので、だしとしても使えます。乾燥させたものをそのまま炒めてもよく、揚げるとチップス風の味わいです。乾燥水分が残っていると傷んでしまうため、しっかり乾燥させてください。市販の乾燥網や干しかごのようなものを利用するといいでしょう。

ちなみに、ごぼうの皮はむいてはいけません。皮にはごぼうらしい香りと濃いうまみがあるので、タワシで泥を洗い落とすくらいにします。ゴシゴシこすると皮をむいてしまうことになるため、軽くこするくらいでOK。さらにいうと、私は切ったごぼうを水にさらすこともしません。

さらすのはあく抜きだといわれますが、水に出てくる、あの茶色い色はポリフェノールで、うまみでもあります。ポリフェノールは確かにあくの一種ですが、ワインのポリフェノールをあくとはいいませんよね。普通は風味として扱われます。あくなら除きたいと思っても、ポリフェノールなら積極的に摂ろうという気になるでしょう。これは、いかに言葉にとらわれているかということです。

オクラはへたの固い部分も、生で食べられます。オクラ特有のぬめりの中に、ちょっとコリコリした食感が混じっておいしいです。にんじんの頭は、茎の付け根の緑がかった部分だけを少し削って、後は細く切り、炒めものなどにします。なすのへたは揚げ浸しにするのが一番おすすめです。揚げただけだと繊維が残って口当たりがよくありませんが、揚げてつゆに浸すことでおいしくなります。なすを丸ごと揚げてもいいし、切り落としたへただけを揚げてもいいでしょう。

また、だしをひいた後の昆布は、フードプロセッサーにかけて、ちょっとどろっとさせたものをみそとあえると、立派なご飯の友になります。だしをひいて柔らかくなる種類の昆布なら、千切りにしてサラダに入れたり、煮ものにしてもいいでしょう。

いろいろ工夫してみると、きっと使い切りが楽しくなりますよ。

禅式コラム

修行僧3人で200人分の食事をつくります

永平寺での修行時代、私は5カ月強、典座寮（てんぞりょう）という調理を担当する部署に配属されていました。3〜4カ月に1回、配属が入れ替えになるので、私は長くいた方です。修行僧をどこに配属するかは、指導役の僧侶が決めます。自分では志願できず、辞令と同じで配属されたら行くだけです。私はもともと料理好きで、学生時代から料理をしていましたが、永平寺に来るまでは包丁もろくににぎったことがない、という人もたくさんいました。そんな人でも与えられた役割は、ともかくやり遂げなければなりません。

先輩にまな板と包丁の置き方を教わって、まずは仏さまにお供えする料理をつくるところからスタート。基本の煮ものの味つけができるようになったら、修行僧の食事をつくる役が回ってきます。

食事づくりの当番は通常3人。それで200人くらいの食事をつくるのです。全員で材料を切って、全員で調理して、後片づけまで全部3人でやります。メニューは煮ものが大半なので、3人でも問題はないのですが、つくる量が大量なので、朝から材料を切りまくり、夜まで一日中ずっと台所にいます。そうするうちに、ずぶの素人でも料理がうまくなっていくのです。

さらに料理をする際に、作業スペースをきれいに保つことや合理的な動き方なども、自然と身につきます。何事もやってみること、やり続けることが洗練への道だということです。

第2章

禅式そうじで住まいと心を磨く

そうじは「自分と向き合う」機会です

そうじは「面倒くさい」。でも、「きれいになったら気持ちいい」。そうじに対する、この二つの感情のうち、どちらが強いかというと、大体は「面倒くさい」が勝ってしまいます。けれども、やり始めてみれば、やはりきれいになる気持ちよさを感じて、途中から楽しくなったり、もっとやりたくなったりすることもありますよね。

そうじのとき、そんな自分の「心のありよう」を、あなたは意識したことがあるでしょうか？　そうじは自分の心を見つめる、つまり「自分と向き合う」機会です。

通常、そうじは、ただ単にやらなければならないもの、義務的なものとして終わらせがちですが、自分にとって、もっと意味のあるものにすることができます。そのカギとなるのが、やるべきことをどうとらえるかという、自分の心の持ち方です。自分の心の持ち方、心のありようを、そうじという具体的な行為を通して、しっかりと感じていく。それが「禅のそうじ」だといえるでしょう。

禅寺では、そうじを禅の修行として行います。作務（さむ）と呼ばれるそうじに多くの時間があてられているのです。私が修行した永平寺では、早朝3時半に起床して洗顔、坐禅、法堂で読経する朝のおつとめの後に食事。食後、普請鼓（ふしんく）というそうじの合図が鳴らされると、すぐに作務衣に着替えて、永平寺の修行の代名詞のようになっている回廊そうじが始まります。山の斜面に建つ永平寺は、仏殿をはじめとする七つの主要な伽藍（がらん）が多層構造になっていて、その建物と建物をつなぐ廊下と階段を全部、ぞうきんで拭きそうじしなければなりません。

何度も何度も上の階に駆け戻って、拭きながら下りてくることを繰り返し、ノンストップの拭きそうじを約30分間。腰をかがめて、下を向いた姿勢のまま、ぞうきんがけをし続けるのは、しんどさの極みです。１００人、２００人という大勢の修行僧で一斉に行うので、集団のスピードに合わせる必要もあります。これがまた速く、少しでも遅れるとすぐに渋滞してしまいます。途中で「横板」という号令がかかったら、廊下の壁の横板を拭くのですが、そのときは上体を起こせるので、ちょっとだけ楽。修行生活に慣れないうちは、この回廊そうじが本当につらいものでした。

それだけではありません。回廊そうじが終わったら、その日ごとに決められた場所のそうじ。午前中はここ、午後はここというように、各場所を重点的にきれいにします。途方もない広さの境内の落ち葉拾いや、お寺の周辺を流れる川のそうじなど、大がかりなものもあり、雪の時季には雪かきもします。

坐禅という特別な座り方をすることだけが修行なのではなく、日常生

活で誰もがやるような行い、一挙手一投足すべての行為が修行となる、というのが禅の考え方です。そうじをはじめ、片づけや炊事などの家事は、一般社会では雑務として認識されていますが、実はそうした雑務にこそ、自分の心のありよう、つまり自分というものがしっかりと表れています。そこに気づきを得ることで、どういう生き方をしていけばいいのかを考えるきっかけが生まれるのです。

家庭でのそうじは修行ではありませんが、そうじは面倒くさいことだからこそ、〈我(が)〉が出やすく、自分と向き合いやすいといえるでしょう。つい手を抜こうとしてしまいますし、自分の弱さがすぐに露呈します。たとえば、いったんそうじを終えて道具を片づけた後で、まだゴミが残っていることに気づいたときに、「あれっ……まあ、いいか」と思ってしまう。「とりあえず、そうじしたんだから」とか「ほかにもいろいろやることがあるし」などと、自分に言いわけしてしまうのです。

残っているゴミを見つけたら、面倒くさい。そのときに、自分が一体どういう人間なのかということがあらわになります。ふだんあまり意識することのない、自分という人間を振り返るチャンスなのです。

ゴミを見つけたときに、あれこれ言いわけを考えて、ゴミに手をつけずにそのままにしておくのか、それともそこで何も考えず、ぱっと捨ててしまえるのか。即座にどちらの行動をとるのか、ということは重要なポイントです。それはそうじのことだけに限らず、たとえば、ふだんの仕事のやり方だとか、人への接し方だとか、もっといえば、自分の生き方全体に関わってきます。一回でも面倒がらずにやってみると、心の持ち方が変化するので、おそらく全体が変わってくるでしょう。

禅では「今この瞬間に意識を向けて、ありのままに受けとめること」を大事にします。自分と向き合うことも同様で、もし、そうじが面倒だと感じているのなら、そう感じている自分を受けとめ、自分としっかり向き合う。途中から楽しくなっていったら、楽しんでいる自分を受けとめ、しっかり向き合う。

ただし、向き合うといっても、「自分について考える」ということではありません。言いわけを考えることもそうですが、何かを思考し始めると、そのことに「とらわれて」しまいます。とらわれると心も行動も萎縮して、やる気が失せてしまったりします。あれこれ考えるのではなく、「今この瞬間の自己」をありのままに感じる。「ああ、自分はこんなふうに感じているんだな」と気づけばいいのです。その気づきが、自分の心の持ち方を問うきっかけとなるのです。

「とりあえず、やってみる」姿勢が大事

くらしを整えることは「心を整える」ことにつながりますが、「心を整えようとする」のはよくありません。心を整えようとがんばると、心はかえってざわついてしまいます。心を整えようという意識を持つのではなく、そうじをするときにはただひたすらそうじする。そうじをしている「今この瞬間」に意識を向け、そうじをすること自体をしっかりとていねいにやっていく。そうすればおのずと心は整っていくでしょう。

それはなぜかといいますと、心が整っていない状態というのは、よけいな思考にとらわれている状態であり、よけいな思考をしているときには、心が今ここにあらず、意識が過去や未来に飛んでいってしまっているからです。

臨床心理学では、過去にとらわれ憂いを持つことを「抑うつ」、未来にとらわれ憂いを持つことを「不安」といわれています。起こってしまったことを引きずってくよくよしたり、先のことを心配したりするのは、誰にでもあることでしょう。悩むとまではいかなくとも、さっきあったことやこれからのことを考えると、心が落ち着かなくなってしまいます。その意識を「今この瞬間」に向けて、物事をきちんとていねいに行えば、よけいな思考にとらわれなくなるのです。

ただ、「そうじをすれば、必ず心が整います」とはいえません。「これを

やれば整います」といってしまうのは、一見わかりやすいかもしれませんが、私には無責任な態度だと思えます。そうじが苦手で部屋が散らかっているという人は、心が整っておらず、そうじもできていない、そうじをしなければならないけれど、面倒くさくてできないし、できていないから心もまた整わない、という悪循環に陥っているといえます。そうしたときに大切なのは、心が整う、整わないといったことを考えず、「とりあえず、やってみる」というスタンスでそうじすることです。

そうすることによって、今までの悪循環とは違ったサイクルが生まれます。そこで新しいスタートが踏み出せるわけで、どんなに大変そうに思えるそうじも、いざやり始めてみればいつか終わります。やってみたら意外とそれほど苦じゃないなと思ったり、あるいは充実感を覚えたりするかもしれません。

そういった体験をしていく中で、心がどうなっていくかを「実際に自分で感じてみてください」としか、私にはいえません。「とりあえずやってみることの価値」を自分自身で感じてもらうしかないのです。禅の修行とは、まさしく「今ここの体験を通じて、実際に自分で感じること」。そして、自分の心のありように意識を向けて、心がどのような変化をしているのかを感じながらそうじをすることは、今までとは違ったそうじの楽しみ方にもつながると思います。

また、そうじに際して「自分と向き合う」ということが、ちょっとわかりにくいと思うのなら、「すばやく、かつていねいに」を心がけて、そうじするといいでしょう。これは以前、曹洞宗安泰寺のドイツ人住職だったネルケ無方さんと対談したときに、そうじの指導の仕方として、彼がおっしゃっていたことです。なぜ、すばやくしないといけないのかといいますと、ゆっくりやろうとするとどうしても、「我」というものが出やすくなってしまうからです。「我」とは、自分の思い、自分の価値基準や先入観、固定観念などを指します。

仏教には「一切行苦」(すべては苦である)という言葉があり、この「苦」とは「自分の思い通りにならないこと」です。世の中は、自分の思うようにならないことだらけなのですから、「我」という自分が出すぎてしまうと、ストレスが強くなってしまいます。そのために、そうじがつらいものになり、「この家の造りが悪いから、私がそうじしにくいんだ」とか「私がそうじしたくなくなるのは、家族が部屋を散らかして、あまりにもごちゃごちゃにするからだ」とか、他人のせいにしてしまう。でも、そうした言いわけも、結局は「我」=自分自身がつくり出しているものです。

そういった「我」を出さないために「すばやく」、だけどそれで、いい加減にではなく、「ていねいに」行うことが大事なんだと、ネルケさんは語っていました。それは彼が今まで多くの人を指導してきた経験の中で、ゆっくりやるよりは、すばやくやることに重点を置いてそうじをした方が、「我」が出ずにやっていけるケースが多いと感じているからでしょう。

そうじへの取り組み方として、何が正解ということはありませんが、一つのやり方として、それもありだなと思います。「自分と向き合う」ということは、どこか抽象的なので、具体的な行動としては「すばやく、かつていねいに」を意識する。これは思考にとらわれにくくする一つの方法です。「我」が出るとは、要はよけいな思考にとらわれてしまうということ。すばやく行うというアクションで、よけいな思考が入り込む余地をできるだけ少なくするというわけです。また、すばやくを心がけることは、そうじをやりやすくする合理性にもつながります。

「そうじは心のちりを払う」といわれたりしますが、そうじをどのようなものにするかは、あなた自身の意識づけによります。そうしたとらえ方で、そうじに臨んでみてはいかがでしょうか。

そうじの時間を決めてしまいましょう

日々のそうじのハードルを下げるにはやはり、「ためないこと」が大事です。そうじをためずに、日頃からある程度きれいにしておくための一番いい方法は、永平寺でやっているように、そうじの時間を決めること。何時から何時まではそうじをすると決めて、それ以外のことは一切しない。そして時間がきたら、まだ途中でもやめる。できなかった分は翌日に回せばいいと考えます。

それだと負担が少なくてすみますし、途中でやめておけば、あともう少しここをきれいにしたいなという、モチベーションが上がる部分もあります。一度に全部やろうとすると負担が大きく、また、やり切ってしまうと、当分はしなくてもいいやとなりがちです。家が広くて一日に全部やるのが無理な場合は、これも永平寺と同様に、今日はここ、明日はここというように、場所を決めてやっていくといいでしょう。

また、時間の使い方では、合間の時間を利用するという方法もあります。何かをする前にちょっと時間が空くなど、すき間時間ができることがありますね。そのときに気持ちをぱっと切り替えてそうじする。たとえ5分でも10分でも、合間の時間を無駄にせず、そうじに回すことができれば、自然ときれいになります。

私の場合は、自分の部屋のそうじ時間を、基本的に毎日10分と決めています。10分でどこまでできるか、少しばかりゲーム感覚でやっているのですが、意外としっかり拭きそうじができます。そうじをためてしまい、いざとりかかるとやる量が多くなるので、どうしても長くかかってしまいますが、ふだんからそうじしていると、ひと部屋くらいなら10分もいらないくらいです。きれいな状態を維持するには、一カ所5分でもいいかもしれません。毎日5分でも、一週間にすると35分。まとめて35分そうじするとなると、ちょっと疲れてしまいますが、一日5分なら問題なくできます。テレビを見ているときにCMの間にやるようにするとか、そういう習慣づけのようなことをするといいでしょう。

それから、そうじをやりやすくするためには、合理性を考えることも大事です。そうじの基本は上から下へ。ゴミやほこりは上から下へ落ちていくので、高いところからそうじしていきます。先に床を拭いて、あとから机を拭いたりすると、せっかく拭いた床にほこりが落ちたりしてしまいます。そのほか、ぞうきんがけの仕方やほうきの使い方などにも合理的なやり方があり、それは後ほど紹介します。

ぞうきんがけで部屋の隅々まできれいに

現代は、そうじ機やフローリングワイパーなどで床のそうじをすませ、ぞうきんがけをすることが少なくなっていると思います。しかし、部屋を隅々まできれいにするためには、やはりぞうきんがけが欠かせません。ぞうきんで拭こうとすると、目線が低くなるので、隅のほうの細かいゴミまでよく見えます。

これは一度ぜひ試してもらいたいのですが、そうじ機やワイパーでそうじをした後に、再度、床の隅々までよく見てみてください。そうすると細かいゴミがまだ残っているはずです。それを見たときに、「これは、そうじをしたといえるのだろうか」と考えてほしいのです。そうじをするということは、汚れているところをきれいにすることですから、それをきちんと完遂することが大事でしょう。

また、ぞうきんで拭くと、自分の手を動かしたところが、確かにきれいになるという感覚が得られます。ぞうきんと手の距離が近いので、きれいになることをダイレクトに感じられ、そのことが「今この瞬間」に意識を向けやすくする、というよさもあります。もちろん、手でやることがすべていいわけではなく、そうじ機を使った方がきれいになる場合もあるので、用途用途で使い分ければいいと思います。

ちなみに、私がそうじの大切さを知ったのは、ぞうきんがけによってです。永平寺の回廊そうじのつらさは前述しましたが、修行生活に慣れるにしたがい、多くの修行僧は少しでも楽をする方法を身につけるようになります。ぞうきんに手のひらをつけるのではなく、指先だけをつけて軽く押せるようにしたり、階段を拭くふりをして、ふわっと流したりする者が出てきます。私もまた初めの頃は、楽な方へと流れていましたが、あるとき、同期の修行僧がいつもまったく手を抜かず、きちんと拭き切っていることに気づきました。自己の修行として、ひたすらそうじに打ち込む姿に衝撃を受けたのです。私は彼の姿勢から、自己の弱さに気づき、しっかりそうじすることの意味を学びました。

ふだんはそうじ機やワイパーですませているところを、ぞうきんで拭くと、自分の心がどうなるか。そこはあなた自身に確かめてもらいたいのですが、心に変化が起きたとして、それが何に起因するかというと、ふだんきれいにできていない部分をきれいにできたことへの喜びや、すっきりした気持ちよさ、でしょう。毎日は無理でも、ときどきはぞうきんがけをしてみることをおすすめします。

正しいぞうきんの絞り方

ぞうきんはできるだけ固く絞ることが大切です。水を含みすぎたぞうきんでは、汚れをきちんと落とすことができません。ぞうきんを絞る手の向きが間違っていると、しっかりと絞れないので、ぞうきんの絞り方を確認してください。

まず、水で濡らしたぞうきんを細く丸めます。太くすると力が入りにくくなってしまうので、細くなるように縦長に丸めること。片手でぞうきんの端をにぎり、写真のように手のひらの側を上に返します。

1

2

もう片方の手で、たれ下がったぞうきんの下の端をにぎります。このときも手のひらの向きに注意して、ぞうきんを手前から向こうにつかみます。わきをしっかりと締め、両手が上下に並ぶようにします。

わきを開きながら、少しずつ、ぞうきんをねじっていきます。

絞るにつれ、ぞうきんを横に倒し、しっかりとねじります。

最後はまたわきを締め、固く絞り切ります。

正しいぞうきんがけの仕方

ぞうきんを押していくときには、両手のひらをしっかりぞうきんにつけること。また通常は部屋の端から端まで往復しながら拭いていきますが、狭い場所を拭くときには、横拭きするのが合理的です。

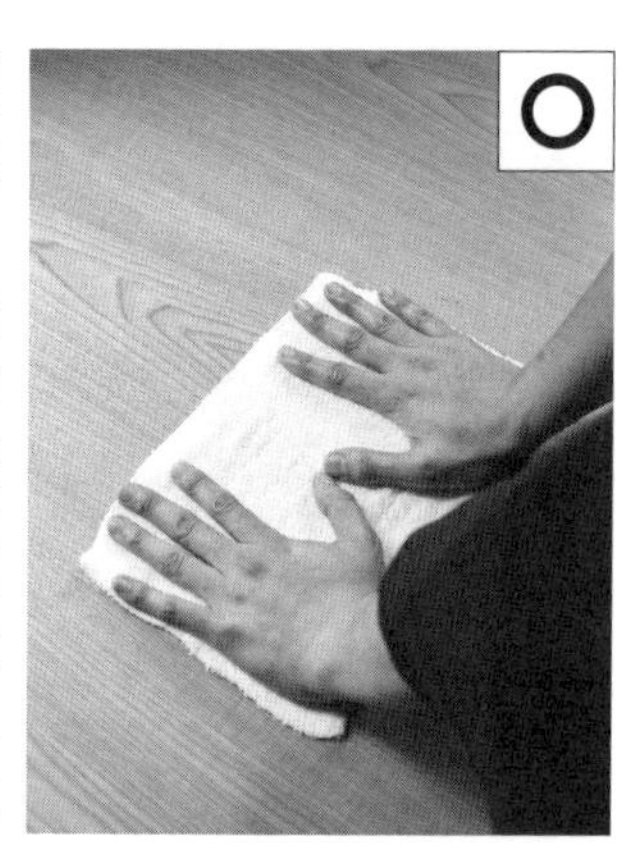

両手をぞうきんの上に並べて、手のひらをしっかりとぞうきんにつけることで、全体に力が入れられます。

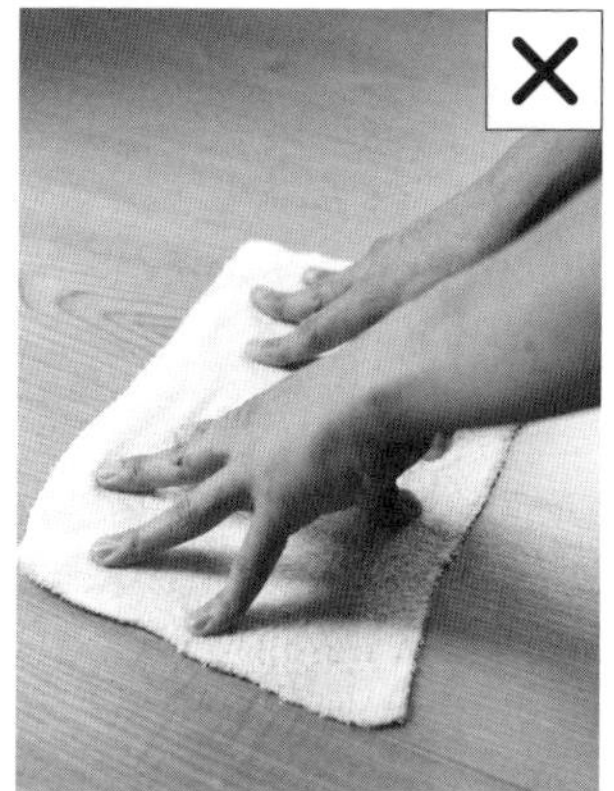

指を立てて、指先だけでぞうきんを押すと、指の下にしか圧力がかからないため、きちんと拭けません。

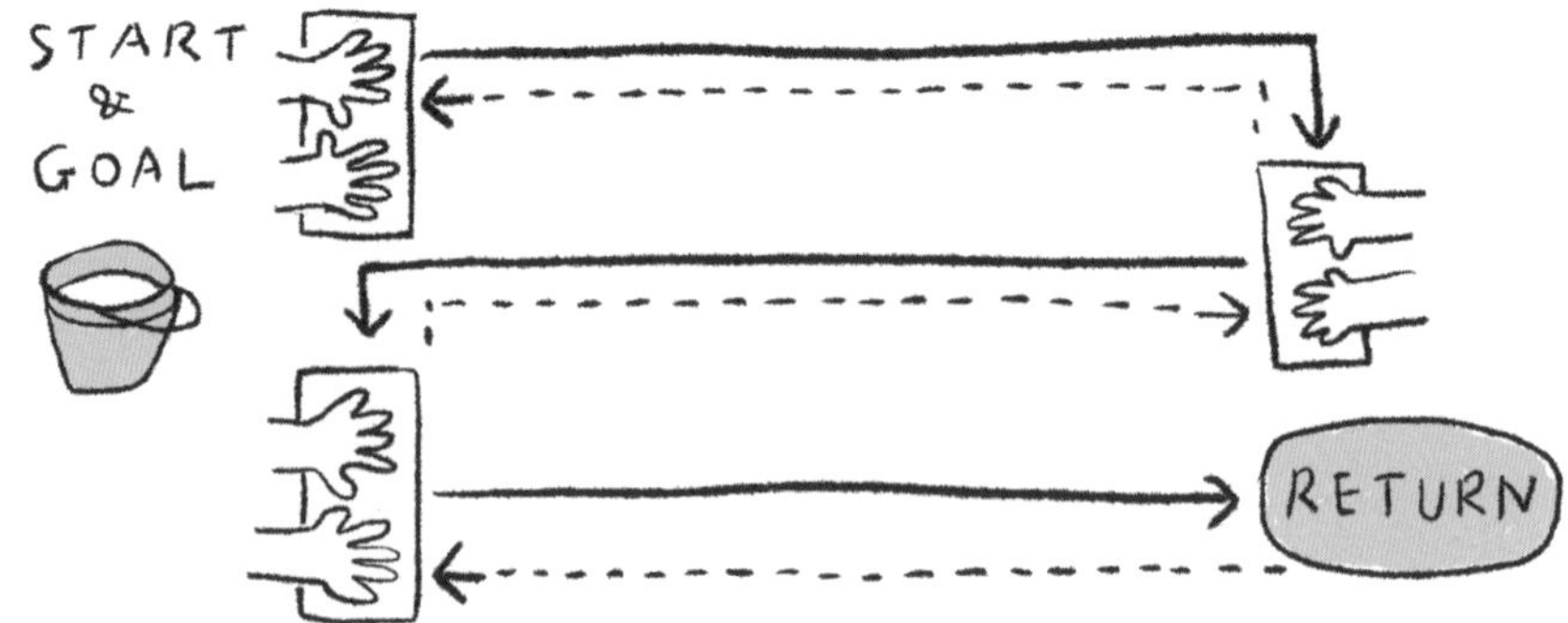

端から前進しながら拭いていき、向こう端までいったら、ぞうきんの位置を少しずらして戻ってきます。バケツはスタート地点に置き、ぞうきんが汚れたら、戻ってきたときにすすぎます。

階段と狭い場所の拭き方

階段などの狭いスペースを拭くときは、横拭きにします。この場合は通常のぞうきんの持ち方ではなく、片方の手のひらをつけ、もう一方の手でぞうきんの端をにぎるのがコツ。階段は片足を一段ずつ下ろしながら拭いていきます。

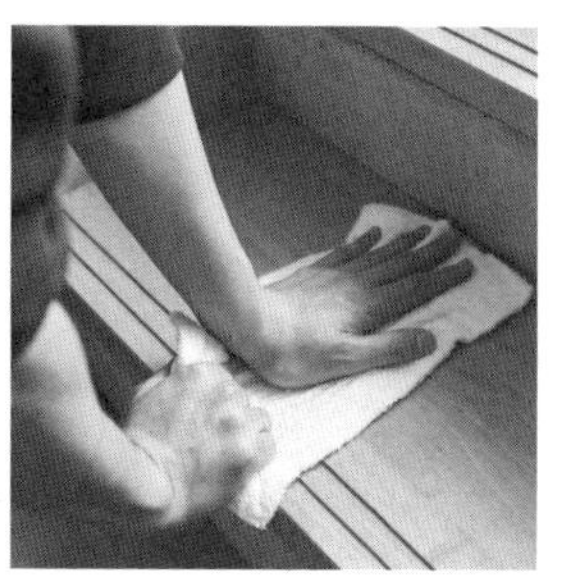

ぞうきんの持ち方

幅が狭く、横方向にしか拭けないときは、ぞうきんを縦にして、片手でしっかりぞうきんを押さえ、もう一方の手でぞうきんの下の方をにぎって、ぞうきんがずれないようにします。幅が1間（約1.8m）くらいあっても狭い場所のときは、横拭きしながら、後ずさりしていきます。

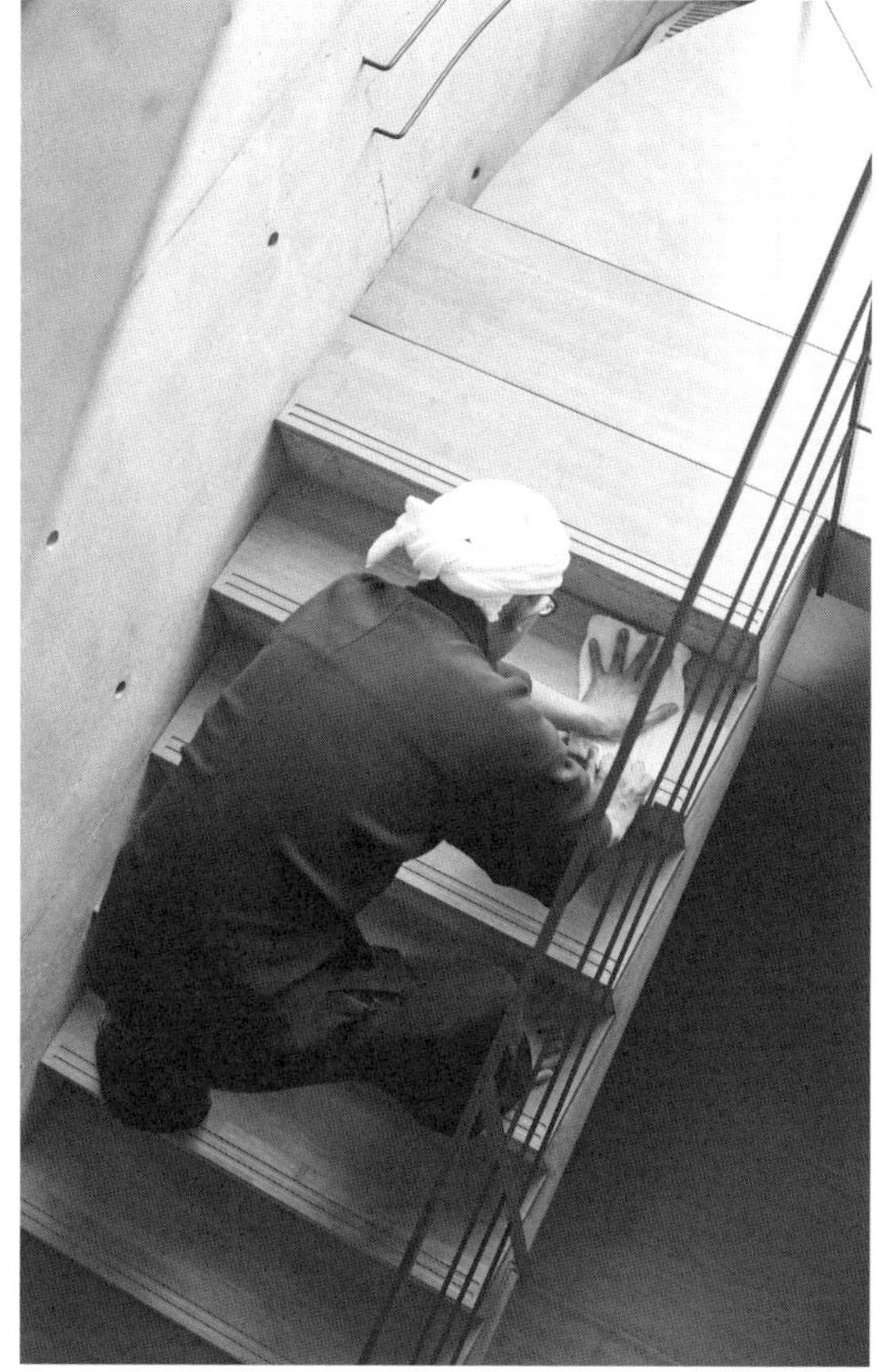

階段は上から下へと、後ずさりで下りながら拭いていきます。1段の端から端へ、ぞうきんを1往復半させたら、片足を1段下に下ろして、ぞうきんを下の段へと進めます。

ぞうきんと浄きんを使い分けましょう

永平寺では、ぞうきんとは別に、「浄きん」があります。ぞうきんは床をはじめ、戸板や窓の桟を拭くなど、一般家庭のぞうきんと同じ使い方をします。一方、浄きんが登場するのは、食事の場と仏壇周り。修行僧は坐禅堂で食事をするのですが、堂内には幅30㎝くらいの太い木が横に置いてあり、食事の際にはこの木がテーブルになります。食事の時間がきたら、まずその上を浄きんで拭いて器を並べ、食後は再度浄きんで拭く。また、仏壇や仏具を拭くときにも浄きんを使います。

浄きんは、一般家庭の台拭きと同じようなものといえますが、食べるところと仏壇を同じレベルで扱っているのが、よく考えてみると何だか不思議な気がします。さらに私がおもしろいと思ったのは、浄きんという概念です。浄きんとは清浄な布、つまり清らかなもの。食べるところはともかくとして、仏壇だって汚れていれば、ぞうきんで拭いてしまってもおかしくありません。しかしながら、仏さまのおわすところだから、やはりきれいな布で拭きたいというメンタリティーが、日本人にはあるのでしょう。仏壇だけでなく神棚もまた、ぞうきんで拭くことに抵抗を感じる場所ですね。

より清らかに保っておかないといけない場所には浄きんを使うわけで、ふだんそれほど信仰心を持っていなくても、仏壇や神棚はきれいな布で拭くというところに、日本人のメンタリティーが発揮されています。要は、そうじ自体に精神性が入っているのです。そうした日本人の精神性を感じながらそうじをするのも、おもしろいのではないでしょうか。

一般家庭でも、台拭きとぞうきんを区別している場合が多いと思います。その区別をあいまいにせず、ここは浄きん（台拭き）で拭く、ここはぞうきんで拭くというように、使う場所をきちんと明確にしておくことが大切です。浄きんは通常、テーブルや机、仏壇、神棚などに使いますが、各家庭で使い分けのルールを決めておくといいでしょう。

浄きんの使い方としては、水で濡らしたものと乾いたものの、二つを用意するのがおすすめです。まず濡らしたもので拭き、乾いたもので仕上げ拭きをするときれいになります。とくに漆塗りの仏壇や台などは、濡れたもので拭いただけだと、濡れ跡がついてしまいやすいので、必ず乾いたもので仕上げることが大事です。

なお、浄きんには、ぞうきんよりもやや薄手の目の細かい布が適していますが、家庭では、浄きんを使い古したらぞうきんにする、というやり方でもいいと思います。また、浄きんは通常の洗濯物と一緒に洗い、黄ばんできたと思ったら、漂白剤で漂白します。一方、ぞうきんはバケツで水洗いしますが、やはり汚れてきたら漂白するといいでしょう。薄汚れたグレーのぞうきんでは、ぞうきん自体の扱いがずさんになってしまいます。そもそも、ぞうきんで汚れを拭くのは「自分が生きてきた結果を拭く」ようなもの。そう考えるとグレーなもので拭きたくはないでしょう。ぞうきんが普通のタオルと同じくらいにきれいだと、気持ちがいいものです。

禅式コラム

ろうそくの跡が取れないときはアイロンで

仏壇のろうそくやアロマキャンドルなどのろうが、テーブルや床などに垂れて固まると、なかなか取れなくなってしまうことがありますね。定規やカッターナイフなどで削って取ろうとすると、テーブルや床に傷をつけてしまったり、跡が汚くなりがちです。そうした場合に永平寺では、アイロンで取っていました。

固まったろうの上に新聞紙を2枚重ねてのせ、その上からアイロンを軽くあてると、ろうが溶けて新聞紙に吸い上げられ、きれいに取れるのです。アイロンの温度は高温にし、5秒ほどあてたら新聞紙をめくって、状態を確かめながら、あててみてください。畳にろうが落ちたときも、この方法で取ることができます。

ほうきはそうじを手軽にする道具です

ちょっとしたゴミやほこりに気づいたとき、ほうきがあれば、ささっと掃けます。そうじ機を出すのはちょっとおっくうでも、ほうきなら手軽です。部屋をいつもきれいな状態に保つのに、ほうきは便利な道具だといえるでしょう。

ほうきは使い方が肝心で、ほうきを立てて、穂先で掃きます（P70参照）。これは基本的なことですが、知らない人が少なくないようで、ほうきの穂を寝かせて掃く人をよく見かけます。穂の面で掃いた方がゴミが取れそうに思うのでしょうが、それでは全然取れません。歯ブラシと一緒で、穂先を使わないときれいに取れないのです。また、畳の部屋は、畳の目に沿って掃くこと。部屋の奥から手前に向かって掃きますが、畳が縦のところと横のところでは、目の向きが違うので、その都度掃く向きを変えながら、ゴミを手前に集めるようにします。部屋の奥から手前へというのは、フローリングでも同様です。

ちなみに永平寺では、坐禅堂をそうじする際に、堂内におられる文殊（もんじゅ）菩薩（ぼさつ）に、お尻を向けないようにすることが大事でした。そうじの動きとしては合理的ではありませんが、何かに配慮しながらそうじをするという意識を持つことも、そうじのやり方を見直すチャンスになります。家庭でも仏壇にお尻を向けないようにするなど、何かのルールを自分に課して、そうじをするのもいいかもしれません。

なお、ほうきの弱点はほこりが舞いやすいこと。いったん舞い上がった微細なほこりは、空中に長く漂い続け、何時間もたってから落ちてきます。そのため、ほこりが多いところをほうきで掃くと、そうじをしたはずなのに、ほこりっぽいということになってしまいます。ほこりをためてしまう人には、ほうきは向かないかもしれません。

これは逆にいうと、そうじを習慣化すれば、ほうきを便利に使えるということ。また、ほこりっぽい場所や広い場所を掃くときは、新聞紙を水で濡らして水気を絞り、細かくちぎったものをまいてからにすると、ほこりが舞い上がりにくくなります。

ほうきを使った後は、穂を上にして立てかけておくか、あるいはつるしておくのが適切です。穂を下にして立てかけると、穂が曲がったままくせがついてしまいます。細かいことですが、こうした道具の扱い方にも、「心のありよう」が表れます。道具を大切にできないと、そうじ自体もずさんになりやすいのです。

正しいほうきの使い方

ほうきは立てて、穂先でゴミを払っていくようなつもりで掃きます。穂を寝かせた状態で掃くと、ゴミがきれいに取れません。また、畳の部屋は畳の目に沿って、後ずさりしながら掃いていきます。

ほうきを畳に押しつけ、穂を寝かせてしまうと、ゴミが取れにくくなってしまいます。

ほうきを穂先までまっすぐ立てて掃きます。穂先で払うようにするのがポイントです。

畳の部屋は、畳の目に沿って、後ずさりしながら掃いていきます。畳の向きが変わったら、掃く向きも変えます。

スリッパもマットもいらないトイレに

トイレそうじは、禅の修行の中でも重要なものとして、位置づけられています。禅寺ではお手洗いのことを「東司（とうす）」と呼びますが、修行僧のリーダーである「首座（しゅそ）」が率先してそうじする場所とされています。一番汚いと思われている場所を、修行僧のトップがきれいにするというところに、トイレそうじに対する意識が表れていると思います。トイレの汚れを自分の心の汚れの象徴としてとらえ、そこを清らかにすることが大事だということでしょう。

具体的なそうじの仕方は、やはり上から下へ。まず照明器具をぞうきんで拭き、便器の中を柄つきブラシと洗剤でしっかりこすって、便器の外側はぞうきんで水拭き。最後に床をぞうきんで拭きます。便器は汚いというイメージがありますが、きちんとそうじしていれば汚くはありませんし、第一、汚くしているのは「自分たちの生の結果」。素手で触れても大丈夫なレベルまで、きれいにするようにしましょう。

目指すのは、素足で抵抗なく入れるトイレです。私の自坊のトイレには、スリッパもマットもありません。スリッパがあると、床を少々汚しても平気だと思ってしまったり、マットがあると汚れがごまかせたりと、甘えが出てしまうので、私の信条として何も置きたくないのです。また、スリッパやマットがない方が、断然そうじがしやすくなります。トイレ

自坊のトイレには、スリッパもマットも置いていません。そのほかも必要最低限のものしか置かないようにしているので、すっきりとして、そうじも楽です。

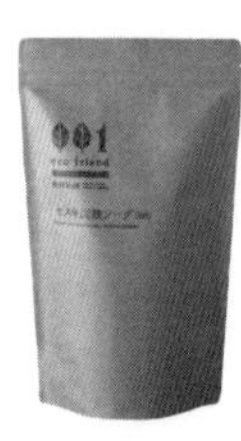

衣類の汚れから住まいのそうじまで幅広く使えるセスキ炭酸ソーダ。スプレー容器に水300㎖を入れ、小さじ1～2杯をよく溶かして使用する。

にはスリッパやマットを置かなければという先入観、とらわれを手放すことで、トイレそうじのストレスが軽減されます。

またトイレは、ほかの場所にも増して、汚れる前にきれいにしておきたいところ。永平寺では自分が入ったときよりも、きれいにして出ていくことを身につけさせられました。その習慣で、私は食事に行った店のトイレなども、簡単にそうじをして出てきます。そこまではしなくとも、家族一人一人がトイレをきれいに使うようにするといいですね。手拭き用のアルコールをトイレに置いておき、トイレを使うたび、トイレットペーパーをアルコールで湿らせて、便座周辺を拭くようにすると、清潔さが保てます。これなら家族もやってくれるのではないでしょうか。

なお、トイレの経年の黒ずみ落としには、セスキ炭酸ソーダと歯ブラシを使うのがおすすめです。セスキ炭酸ソーダは台所の油汚れや網戸の汚れなど、いろいろな場所に使えて、かつ経済的。あれこれ洗剤を揃えなくても、これ一本ですむので、用意しておくと便利です。

禅式コラム

禅では お唱えごとをして 心持ちを整えます

禅では、そうじはもちろん、食事をすることも寝ることも、顔を洗ったり、お風呂に入ったり、トイレに入ったりすることも、すべてが修行とされます。それゆえ、それぞれの行為をする前に、「偈文(げもん)」というお唱えごとをすることになっており、行為に応じてありとあらゆる偈文があります。トイレに入るときも、東司(とうす)におられる烏芻沙摩明王(うすさまみょうおう)という仏さまにお拝(はい)をし、「これからこういう心持ちで、トイレに入ります」という意味の、お唱えごとをして入るのです。

唱えることには、自分の一つ一つの行為を、「これはこういうことなんだ」と規定する意味があります。そのようにして、まず心をそういう方向へ持っていってから行うと、「今この瞬間」に向き合いやすくなるといえるでしょう。お唱えごとは「自分はこれから、こういう方向性で、この行為を行います」と宣言するようなものですが、心理学的に見ても、人間は宣言することで、そのことへのモチベーションがかなり高まります。

そうじの際にも、なかなかやる気が出ないときには、宣言してみるといいかもしれません。頭の中で「今日はここをきれいにしよう」と思うだけでなく、「これからここをきれいにします」と口に出してみてはいかがでしょうか。

風呂場は水気をよく拭いてカビを防止

風呂場の汚れで一番やっかいなカビは、発生させないようにすることが肝心です。お風呂からあがるときに、壁やドアの水気を拭いておくと、カビをかなり防止できます。

また、風呂場に鏡があるお宅は多いと思いますが、浴室の鏡は汚れやすく、汚れがつくとなかなか落ちません。鏡の汚れは主に皮脂やせっけんかす、水あかによるものです。皮脂汚れが目立つ場合は、アルカリ性のセスキ炭酸ソーダの水溶液を、せっけんかすや水あかの汚れの場合は、酸性のクエン酸の水溶液が効果的。鏡が乾いている状態で、クエン酸かセスキ炭酸ソーダの水溶液をスプレーし、1〜2分置いてからスポンジでこすります。鏡が濡れていると効果が薄れるので注意してください。

排水口などのしつこいぬめりは、台所用の漂白剤で落とすことができます。キッチンペーパーに漂白剤をしみ込ませ、ぬめり部分にパックするようにかぶせて、一晩置いておくといいでしょう。

禅式コラム

プラスのことも マイナスのことも 長引かせない

そうじの際の心がまえのカギとなる「よけいな思考にとらわれない」ということは、禅の基本です。思考すると、プラスに考えられるときもありますが、当然マイナスの場合もあります。ただ、プラスに考えるのがいいかというと、そうではなく、プラスのこともマイナスのことも、「とらわれ」には違いありません。

禅が目指すのは、フラットでいられること＝心があまりぶれない状態です。楽しいことや苦しいことがあったときに、瞬間的に反応するのは人間としてあたりまえ。それは当然ですが、その後にそれを長引かせないことが大事。

１９６０年代から70年代に、坐禅家たちの脳波を調べて、坐禅をしない普通の人と比較する研究がありました。何か驚くようなことがあったとき、普通の人はそれに反応した後も、その影響がずっと持続します。しかし坐禅家たちはぱっと反応しても、あまり長引かずに、すぐにフラットな脳波に戻ります。起きたことに対して、いいも悪いもなく、ただ、そういうことが起きただけ、という観点に立つことで、落ち着いていられるのでしょう。そのレベルになるにはそれなりに修行が必要ですが、こういう考え方があるんだなと知ることは、一般の方にとっても意義があると思います。

プラスのこともマイナスのことも長引かせず、フラットに立ち返ることが、とらわれを手放すことであり、心が整っている状態だといえるでしょう。

庭そうじは最初に手順を考えましょう

庭そうじは、「掃いていく方向」をどうするかがポイントです。無計画にやり始めると、よけいな手間がかかってしまうので、最初に手順を考えましょう。

そうじの基本にのっとれば、上から下へ。お寺だと本堂が上になりますが、一般家庭なら玄関を上と考え、そこから門の方へ一方向に掃いていくといいでしょう。ただし、落ち葉の多い木などが玄関近くにある場合は、この限りではありません。たまっている落ち葉を掃いて動かしていくのは大変です。かえって散らかしてしまうことにもなるので、木の周辺は、いったんそこでゴミを集めるようにします。

また、庭が広いと、ゴミを一カ所に集めるのは労力も時間もかかりますし、掃いているうちに風が吹いて、また散らばったりもしてしまいます。そうした場合には、庭をいくつかの区画に区切って、エリアごとにゴミを集めるのが合理的なやり方です。あらかじめ大きなゴミ袋を用意しておき、一つのエリアでゴミを集めたら袋に入れ、ゴミ袋を持って次のエリアに移動します。ゴミを集めたら、その都度その都度袋に入れるようにすることで、集めたゴミの飛散が防げます。

落ち葉を掃くのに、一番便利なのは竹ぼうきです。一方、コンクリートや石畳、階段などの土ぼこりは、竹ぼうきよりも、普通の庭ぼうきで

八屋山普門寺の庭には、大きなしだれ桜のほか、大小の木があって、落ち葉そうじが欠かせません。区画に区切って、掃いていきます。

庭石などの周りの落ち葉は、軍手をはめた手でかき集めます。手でやるのが一番スピーディーで、かつきれいにそうじできます。

掃いた方がきれいになります。場所によってそれぞれ使い分けるといいでしょう。

また庭石の周辺など、でこぼこのあるところは、軍手をはめた手で、落ち葉やゴミを集めるのが一番効率的です。「でこぼこしたところの落ち葉集めには熊手」のイメージがあるかもしれませんが、熊手でやっても意外と集めにくいのです。使い勝手がよくないので、私は使っていません。軍手でやれば、石にべったりと張りついた濡れ落ち葉なども取りやすく、イライラすることがなくなります。軍手は、掃き集めた落ち葉をゴミ袋に入れるときにも活躍します。

ぞうきんがけもそうですが、手でやることは大切で、仏教、とくに禅では、身体性を重視します。それは「今この瞬間」に意識を向けやすくなるからですが、手でやる方が結果的に、きちんときれいにすることができます。また、大人になると目線を低くすることが少なくなりますが、手で落ち葉を集めていると、ここにこんなものがあったんだ、などという発見があったりして、なかなかおもしろいものですよ。

禅式コラム

時間を区切るにはタイマーを利用して

「何時から何時まではそうじの時間」と決めていても、いざやり始めると、ついつい後少しと続けてしまったり、時間がきたことに気づかなかったりします。毎日無理なく継続的にそうじをするには、やはり決めた時間を守ることが大切です。そこで、タイマーを利用するのも一つの方法。スマートフォンでもキッチンタイマーでも、自分が使いやすいもので時間をセットするといいでしょう。

永平寺ではそうじの始まりを知らせる普請鼓（ふしんく）のほかにも、さまざまな合図の音が鳴らされていました。音には強制力があり、気持ちの切り替えに役立つと思います。そうじの後のそうじ道具を片づける時間まで、セットしておくといいかもしれません。

洗濯は心身を清浄に保つもの

そうじや片づけ、炊事と並んで、日々のくらしに欠かせない仕事となっているのが洗濯です。こまめに洗濯をすることは、つねに清潔な衣服を身につけられるようにするということ。つまり洗濯には、お風呂に入るのと同様に、体をきれいに保つ役割があるといえます。

いつも身ぎれいにしていることは、自分の周囲の人に不快な思いをさせないための、いわばマナーの一つ。それだけではなく、仏教では身を清めることをとても大事にしています。「心身清浄」という言葉がありますが、心と体が清らかでけがれのないこと、清浄であることが重要なのです。例えば、道元禅師は、遊学先の南宋の人の口が臭かったことを非常に嘆き、弟子たちには歯磨きを徹底させていますし、洗濯についても『正法眼蔵』「袈裟功徳」巻で、植物の灰を水に溶かして濾した天然のアルカリ性水溶液である灰汁を用いた洗濯法について述べています。

そんな洗濯ですが、合理的なやり方があります。私が自分の経験から導き出した「洗うとき」「干すとき」「畳むとき」それぞれのポイントを挙げてみました（P84〜86）。もちろん、このとおりでなくても、自分のやりやすいやり方を工夫してもらえばよく、大切なのは「きちんとていねいに行う」ことです。ちょっとしたひと手間で、汚れが落ちやすくなって、すっきりときれいに洗えますし、ていねいに干すことで、衣類の形が崩れたり、しわがついたりすることが防げて、早く乾かすこともできます。

また、きちんと畳めば、収納場所にしまいやすくなり、取り出すときもスムーズです。「きちんとていねいに行う」というと、面倒くさそうと思うかもしれませんが、よりきれいに仕上げられるだけでなく、じつは結果的に効率的でもあります。

そして、「きちんとていねいに」できるかどうかは、「心のありよう」に結びついています。丸めて洗濯機に放り込まれた衣類をそのまま洗ったり、しわくちゃになったまま適当に干したり、ぞんざいに畳んだり……。そんなふうに、つい雑なやり方になってしまうときには、自分の心が雑になっています。「洗って、干して、畳む」という一連の行為からも、自己のありようが見えてくるわけで、洗濯を通して自分の心の状態に気づくことができるのです。

禅では、「今この瞬間」の動作をていねいに行うことを大切にしています。そうすることでよけいな思考にとらわれにくくなり、心を落ち着いた状態に保てるからです。そうじと同じく、日々の洗濯も「自分と向き合う」機会ととらえることができます。今、自分の心がどうなっているのか、雑になっていないかどうかを確認しながら、洗濯してみるといいでしょう。

〈洗うとき〉

❶汚れがちな面を表（外側）にして洗うのが基本です。

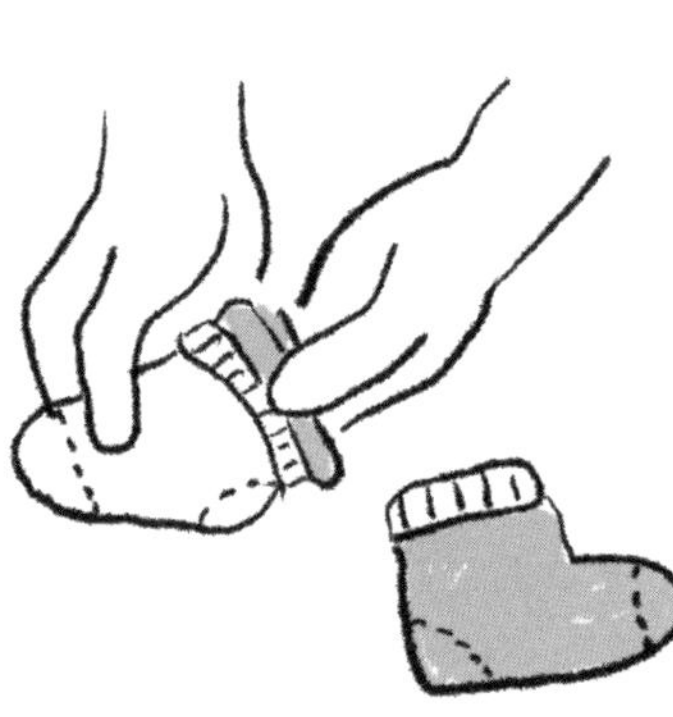

❷下着や靴下、ズボン、素肌に着るTシャツやシャツなどは、肌に触れる内側の面が汗や皮脂で汚れやすいので裏返します。

❸上着などは内側よりも外側の面に汚れがつきやすいので、そのままで。

❹襟の汚れが目立つものや油じみがついたものは、酸素系漂白剤（オキシクリーンなど）を50度のお湯に溶かしたものにつけ置きして（30分以上）おきます。

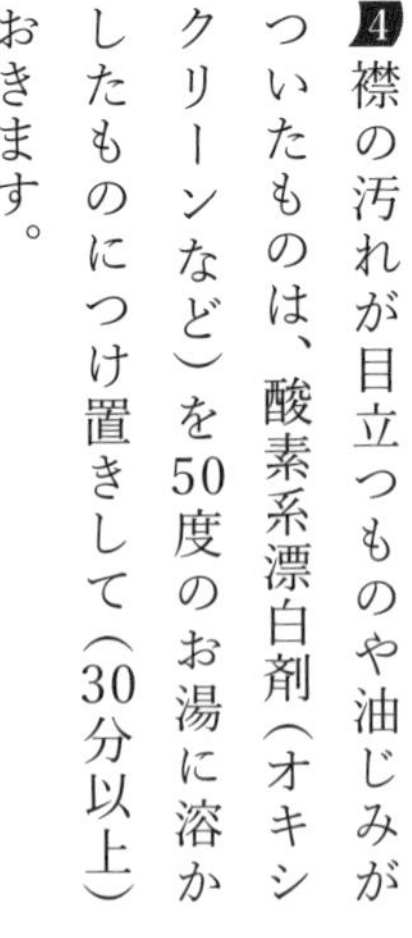

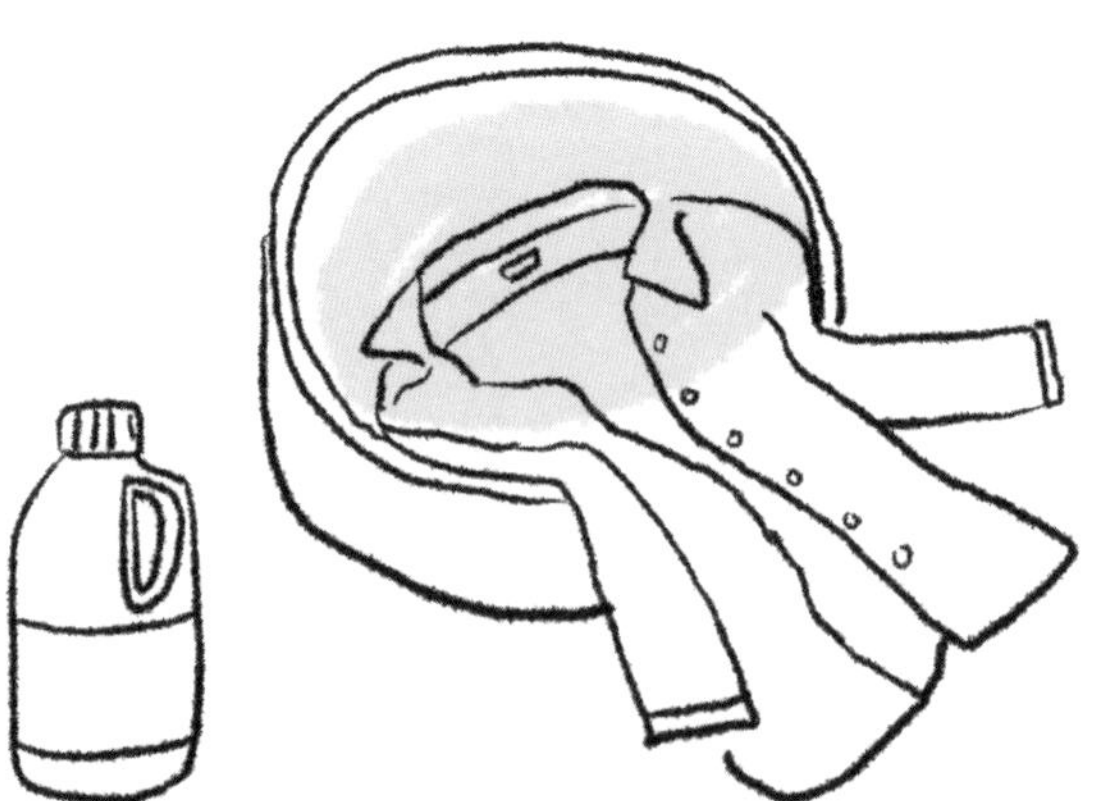

〈干すとき〉

❶干す場所は「湿気がこもらず」「風が通る」場所が適当です。室内干しする場合には、換気をよくし、サーキュレーターなどを使用するといいでしょう。

❷洗ったときについたしわを、一度はたいて伸ばします。

❸あとで畳みやすいよう、裏返して洗ったものは表に返して干します。

❹洗濯物どうしをくっつけず、間に風が通るようにします。

❺Tシャツなどをハンガーにかけて干す場合は、襟元が伸びるのを防ぐため、襟元からではなく裾のほうからハンガーを通します（ハンガーを外すときも同様に）。

❻洗濯ばさみを使う際には、衣服の縫い目などの丈夫な部分をはさむと、跡がつきません。

〈畳むとき〉

1 収納場所に合わせて、洗濯物の「畳みサイズ（長さと幅）」を決めます。大人の服ならA4サイズ、子ども服ならB5サイズくらいが目安です。

2 洗濯物を縫い目に合わせてずれがないように前身頃を下にし、襟元から指1本くらい外側（襟が広いものは内側）で左右に折り畳みます。指で折り目となるガイドラインを引いておくと畳みやすくなります。

3 長袖は肩口のラインで一度折り込んでから（しわにならないよう、ていねいに折る）、畳みます。

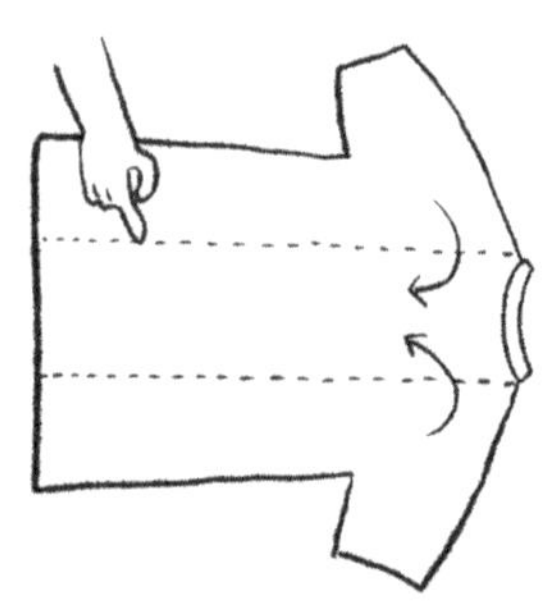

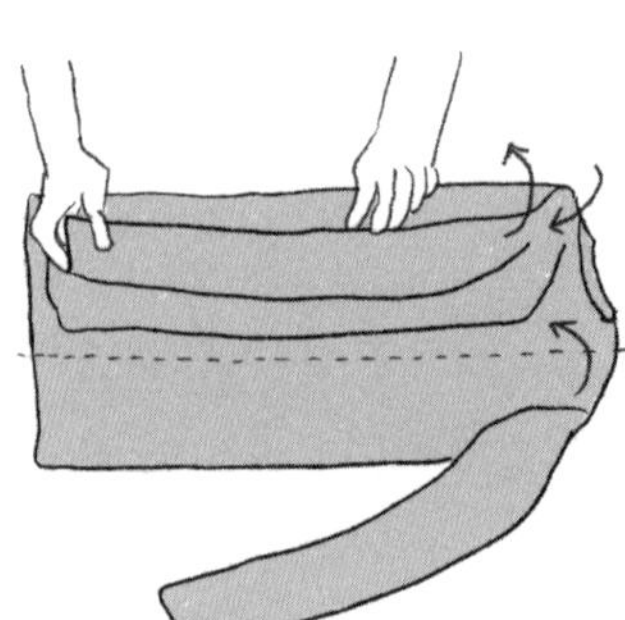

第3章

禅の教えをくらしに取り入れる

心が整う禅語

禅語とは禅宗の文献に記された言葉のこと。短い言葉の中に禅の教えやあり方が凝縮されています。ここでご紹介するのはとくに私が大事にしている禅語です。皆さんの心の中に留めて、毎日のくらしにぜひ役立ててください。

平常心是道（びょうじょうしんこれどう）

唐末の禅僧趙州従諗（じょうしゅうじゅうしん）が、師の南泉普願（なんせんふがん）に「仏道とはどんなものでしょうか？」と問うたときの返答がこの言葉。一般的に「平常心」というと、いつも通りの心の状態を表しますが、ここでは「ふだんの心がけ」といったニュアンスになります。また、「道」というのは、まさに「仏道」のことですから、「ふだんの生活の中で、どんなこともおろそかにしない心がけが、そのまま仏の道である」といえます。

ですが、「本当にそんなことが仏の道なの？」と思う方もいらっしゃるかもしれません。そんな方にこそ、ぜひ実践してみてほしいのです。どんなことも、おろそかにしない。たったそれだけのことなのに「言うは易（やす）く、行うは難（かた）し」なのです。最初はていねいにやっていても、だんだん雑になる。本書で取り上げている部屋のそうじや片づけを通して、仏の道に少しでも触れてみてはいかがでしょうか？

洗心（せんしん）

自分のしたことで何か問題が起こると、心は決まって自分を守ります。その問題の大小は関係ありません。自分が傷つかないように、自動的に心が反応するのです。「やばい、やばい」と感じつつ、頭の中は言いわけでいっぱいです。

こうした過保護な自己の「心」を「洗う」ことを意識しながら生活してみてはいかがでしょうか。ふだんのすべての行いを通して「今ここ」の自己と向き合い、知らない間にこびりついている甘えや迷いや執着に気づいては、それらを手放します。それでも知らない間に心にちりやほこりが付着するので、ずっと手放し続けなければなりません。まずは、あなた自身の弱さとしっかりと向き合い、〈言いわけ〉をせずに受けとめることから始めましょう。すると、今までとらわれていた心の汚れに気づくはず。それを手放し、日常をていねいに送ればいいのです。

威儀即仏法、作法是宗旨

どうやら禅宗は、修行が厳しいイメージがあるようです。ですので、なんとなく荒行や難行の果てに覚りにいたると思われていますが、禅にそうした修行は存在しません。

では、禅の立場はどういうものかというと、威儀、つまり「人に崇敬の念を起こさせるような立ち居振る舞いにこそ、仏法がそのまま表現されており（威儀即仏法）、仏法にかなった実践をすることが禅の道なのである（作法是宗旨）」と考えます。要は、自分のふだんのすべての行い……たとえば、顔を洗う、食事をする、歩く、坐る、そうじや片づけをするなど、行為の一つ一つの中に〈今ここの自己〉がむき出しになるということです。日頃から身なりに気を配っている人は「あの人、きれいにしている」と思われるでしょうし、気を配ってない人は「だらしがない」と見えるもの。「きれいにしている」と思われるようなていねいな立ち居振る舞いをあなたも心がけてみませんか？

一日不作、一日不食

いちにちなさざれば、いちにちくらわず

スリランカ、タイ、ミャンマーなどの初期仏教の流れをくむ上座部仏教では、瞑想以外に時間を取られる一切の生産活動(一般的な労働や、炊事、田畑の耕作、一部そうじなど)をしてはならないという戒律があります。一方、中国から日本へと伝わった大乗仏教では、これらの生産活動を「作務」と称し行ってきました。初期仏教の流れで禁止されていたこの作務を、当時の中国の状況に照らし仏道にまで昇華させたのが、唐代の禅僧百丈懐海でした。

高齢にもかかわらず作務を行う百丈を見て、心配した弟子たちが道具を隠し作務ができなくなると、百丈はその日から食事を摂らなくなりました。その時の言葉がこの「一日不作、一日不食」です。これは「働かざる者食うべからず」という意味ではなく、「作務という仏道実践のない者に、仏法によって得た食物を口にする資格はない」という覚悟のこと。これが禅で作務が尊ばれるゆえんなのです。

脚下照顧（きゃっかしょうこ）

よく禅寺の東司（とうす）（トイレ）のスリッパ置き場に、この語の書かれた立て札が置かれています。その意図は利用者に、「足元に気を配って、ちゃんとスリッパなどの履物を揃えましょう」というメッセージを伝えることです。

そんな標語が必要なほど、一般的に公衆トイレのスリッパは乱れやすいものです。自分が履くときには揃っているものを選ぶくせに、使用後は乱したまま脱ぎ捨てる方が多いことの証拠です。

この禅語の本来の意味は、「自己の外に答えを求めるのではなく、自己の足元（ありよう）を見つめ直しなさい」ということです。「脚下」とあるので、脱ぎ捨てられた履物の例に使われることが多いのですが、それに限った話ではありません。

簡単に心がブレてしまう自己のありようにつねに目を向け、真摯に向き合うことが大切なのです。

他不是吾（たはこれわれにあらず）

藤子・F・不二雄の『パーマン』に、コピーロボットという夢のアイテムが出てきます。ロボットの鼻を押すと、押した人と瓜二つに変身し、代わりにいろいろなことを体験させ、あとで情報を共有できるといった優れものです。ですが、こうした便利な存在も、極限のところでは代わりを果たしてはくれません。コピーロボットに「漏れそうだから、代わりにトイレに行っておいて!!」なんて言っても、自分がすっきりすることはありえないのです。

これと同じで、他人の行じた仏道の実践が自分の修行になることはありえません。仏道というものは、自己のあり方を問うものなので、どこまでもプライベートなこと。他者が代わりを果たすことなどできないのです。つまり、自己の問題として何でも受けとめる姿勢が重要になるのです。

放下著（ほうげじゃく）

私が永平寺での修行時代、食事を司る部署の一つ大庫院に配属されていた際に指導役の老僧からいただいて大切にしている言葉です。「著」は強調を表す助詞で、つまり「手放してしまえ！」といった意味になります。唐末に、厳陽善信という修行僧が禅僧趙州従諗に「すべてを手放しました。さらにどんな修行をすればよいでしょうか？」と尋ねたときの答えがこれです。「すべてを手放した」と言いつつ、まだその先に覚りを求める執着心。そうした覚りを求める心すらも手放せというわけです。

さて、自分が何かしらとらわれているうちは、自己のありように目が開かれません。自分の価値観や固定観念にまみれた思い込みを手放し、今この瞬間に〈ただある〉自己という現実を味わう。まずはあなたも、思い込みで視野が狭くなっていることはないか、自分を観察するところから始めてみましょう。

天無私

てんわたくしなし

天とは大自然のこと。大自然は公平無私で万物は偏ることがなく、また大自然の働きは少しも無理や作為がなく整然としている。なんとなくイメージできるでしょうか？　大自然には「私」、つまり「こうしてやろう。ああしてやろう」と無理にコントロールをするような作為的なところが微塵もないということです。大自然は、ただ大自然をこの瞬間も全うしているだけです。太陽がお気に入りの場所にいつもより多く陽を当てたり、雨雲が傘を持っていない人に気をつかって、そこだけ雨を降らせなかったりということはありません。

歴代の禅僧たちの気づきは、この大自然のあり方に学び親しんだものが多くあります。たまには「私」目線ではなく、「天」目線でものごとを眺めてみてはいかがでしょうか。

行雲流水（こううんりゅうすい）

雲が行くように、水が流れるように、何ものにもとらわれず、執着を離れた様子を指した言葉です。禅の修行者のことを「雲水（うんすい）」と呼びますが、この語が語源です。

禅語には、このように自然のありようを表現した言葉が多くあります。自然のあるがままのありように、人間の生き方を重ねているわけですが、人間として生きている以上、価値観や自意識、固定観念などが邪魔をして、なかなか自然物のような生き方ができません。まずは、そうした頭の中でこねくり回した思考に気づき、しかもそれらは、ほかでもない自分自身がつくり上げたものであることを知ることが大切です。にもかかわらず、頭の中の出来事を現実とはき違え、私たちは自分で自分の首を絞めるのです。現実とは、私たちの頭の外の出来事。つまり、行く雲、流れる水のありようなのです。

空手還郷、眼横鼻直

（くうしゅげんきょう、がんのうびちょく）

曹洞宗の祖・道元禅師が、4年間学んだ宋から帰国したときに語った言葉です。日本仏教の歴史をひもとけば、仏教が隆盛を誇る大陸に渡った僧侶の役目は、基本的に最先端の教典をたくさん持ち帰ることでした。しかし、道元禅師の荷物に教典の類が見あたらないため、周囲の人が尋ねたところ、「空手還郷（何も持たず帰って来ました）」と一言。これは、教典ではなく、お釈迦さまから脈々と伝わる正しい仏法を持ち帰ったという意味でした。では正しい仏法とは何か？　との問いに対して、「眼横鼻直（目は横につき、鼻は縦についている）」と、あたりまえのことがわかることであると答えています。つまり、仏の教えというのは、何か特別なものではなく、ふだんの生活の中にあるあたりまえのことに気づき、今この瞬間の現実に向き合うということなのです。

さて、あなたはふだんから、ていねいに家事や仕事と向き合っているでしょうか？

お坊さんから学ぶ、自分との向き合い方

「今この瞬間」の自分と向き合う、とはどういうことか。それがよくわかるのが坐禅です。坐禅は禅僧にとって大事な仏道修行ですが、一般の方にとっても、体と心の力みを手放し、「ありのままの自分」に立ち戻るきっかけを与えてくれるので、やってみることをおすすめします。

坐禅では、「今この瞬間」の自己に気づきやすいものとして、姿勢と呼吸に意識を向けます。よく「座って無になる」などといわれたりしますが、「無」になどなれるはずがなく、坐禅中にはさまざまな考えごとが頭に浮かんできてあたりまえ。大切なのは、それに対してどういう対処の仕方をするかです。考えごとを排除しようとするのではなく、ただ受けとめる。こういうことが浮かんできたという事実を客観的に見て、姿勢と呼吸に意識を向けます。ふだんは自分がさまざまな考えごとをしているということを、客観視することがありません。坐禅をすると、こんなにたくさんの考えごとが浮かぶんだということがわかります。まずはそこがスタートです。そして、考えごとをただ受けとめることを続けていくうちに、思考にとらわれなくなっていきます。

ここでは自分でできる坐禅の仕方を紹介しますが、うまくできなかった場合は、近くのお寺などで行われている坐禅会に、参加されることをおすすめします。宗派などによって指導方法が異なりますので、いろんな坐禅会に足を運んで、自分に合うものを見つけてください。

坐禅で姿勢と呼吸に意識を向けることで、ふだんおろそかになりがちな「今この瞬間」の自己と向き合うことができます。

坐禅ワークの基本

坐蒲

坐禅専用の座ぶとんで、ネットなどでも購入できます。一つ3000～5000円くらいです。

坐禅の準備

●坐禅を行うのは、畳の部屋がベストですが、カーペット敷きの部屋でもかまいません。フローリングしかない場合は、座る場所にマットなどを敷くといいでしょう。

●曹洞宗（そうとうしゅう）では、壁に向かって座りますので、壁の手前を片づけて、坐禅スペースをつくります。周囲にものがあると、気がそれやすくなってしまうため、なるべく周囲にものを置かないようにします。

●壁の少し手前に坐蒲（ざふ）（上の写真）を置きます。坐蒲がない場合は、座ぶとんを二つ折りにしたものや固めのクッション、タオルケットを折り畳んだものなどを使います。

●ふだん、足を組むことはあまりないと思いますので、最初に軽く、脚をストレッチしてから行うことをおすすめします。

●坐禅の基本の長さは40分で、これは「一炷（いっちゅう）」といって、1本の線香が燃え尽きるまでの時間です。しかし自宅で行う場合は、10分でも20分でもかまいません。時間の長さよりも継続性が大切です。自分で行う場合は、タイマーをセットしておくといいでしょう。

●坐禅を行う時間帯は、朝昼晩のいつでもかまいません。自分の生活スタイルに合わせて、できるときに行ってください。

三つの所作「三進退」を覚えましょう

坐禅の際に用いる基本的な手の作法、手の形です。

1. 合掌

尊敬の念を表す作法です。両手のひらを合わせて、きちんと指を揃えます。ひじを軽く張り、肩の力は抜いて、指先を鼻の高さに揃え、鼻から10～15cmほど離します。

2. 叉手

立っているとき、歩くときの手の作法です。左手を、親指を内側に入れてにぎり、手の甲を外に向け、胸に軽く当てます。これを右手のひらで覆います。

3. 法界定印

坐禅のときの手の組み方です。手のひらを上に向け、右手の上に左手をのせて、両手の親指の先を軽くくっつけます。両手の空間がきれいな卵形になるようにします。

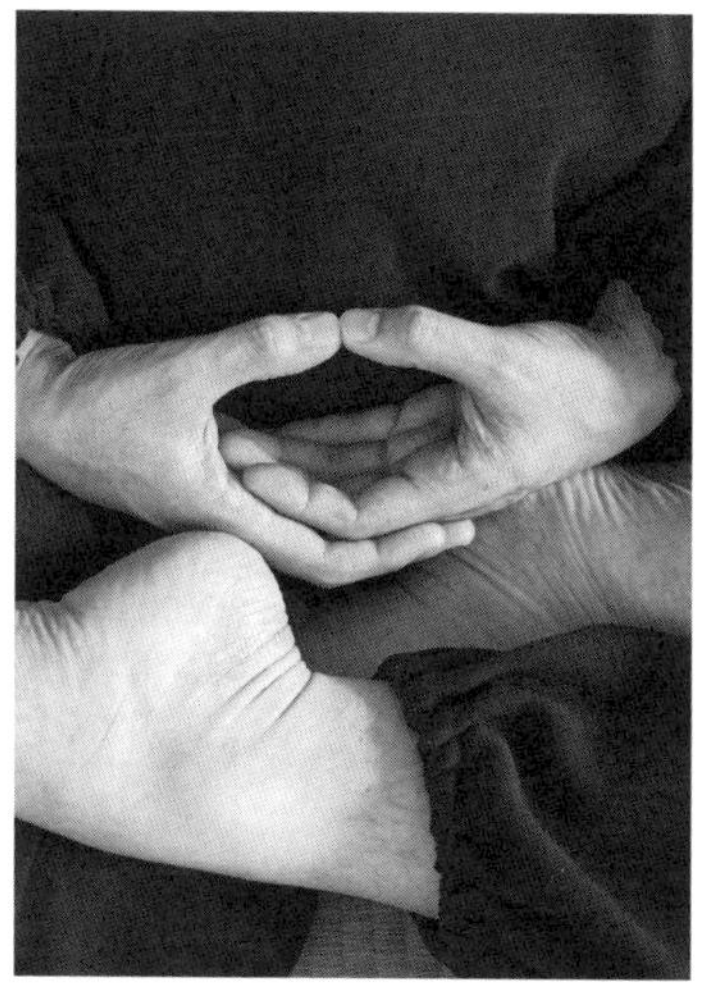

1 あいさつをする

叉手にして坐蒲の前まで進み、立ったまま合掌して、一礼します（隣位問訊）。次に、合掌したまま振り返り、一礼します（対坐問訊）。これは本来、坐禅堂などで両隣にいる人や、向かい側に座る人へのあいさつとして行うものですが、自宅で一人で行う場合も同様に礼をして、これから座らせていただく「環境」へあいさつします。

隣位問訊

坐蒲の手前に立ち、壁に向かって合掌します。

←

合掌したままで、お辞儀をします。

対坐問訊

合掌したまま、右足を1歩後ろに引いて右回転し、右足を戻し両足を揃えます。

←

合掌したままで、お辞儀をします。

2 座って足を組む

壁に向かい、坐蒲に腰を下ろします。坐蒲の前半分に座るようにすると、上体が安定します。座ぶとんなどを使う場合は、座骨をしっかりのせるようにします。タオルケットは折り畳んだ角に腰を下ろすと座りやすいでしょう。次に足を組みます。結跏趺坐か半跏趺坐が正式ですが、どちらもむずかしい場合は、両足を前後に置く形でもかまいません。大切なのは、座骨と両ひざで体を支えるということです。

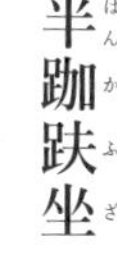

結跏趺坐

両足を組む座り方です。右足を左ももの上にのせ、次に左足を右ももの上にのせます。

半跏趺坐

片足を組む座り方です。右足を左ももの下に深く入れ、左足を右ももの上にのせます。足を逆にしてもかまいません。

足がうまく組めない人は

足を組むと、ひざが床につかなかったり、足が痛くなってしまう場合は無理をせず、両足を前後にずらして座ります（ヨガの安楽座）。

3 手を組む

手を法界定印（ほっかいじょういん）の形にして、下腹部のあたりに置きます。

法界定印（ほっかいじょういん）

両手の親指を、力を入れて押しつけたり、離したりしないようにして、きれいな卵形の空間をつくります。

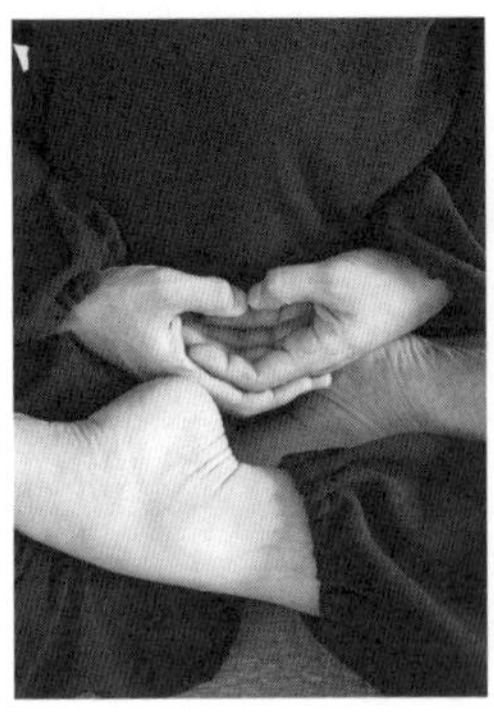

よくない手の形

両手の親指の腹を押しつけ合って、空間が栗のような形になったり、親指の先が内側に入り込んで、ハート形になったりしないよう、気をつけましょう。

4 姿勢と視線の向き

座骨と両ひざで体を支え、座骨からたけのこがまっすぐ天に伸びるようなイメージで、背骨を立てます。このとき、壁からおへそが引っぱられているように、腰を立てます。軽くあごを引き、鼻とおへそ、耳と肩が床に対して垂直に並ぶようにしたら、いったん両肩を上げてから落とし、肩や腕に無駄な力が入らないように、上体をリラックスさせます。鼻の下に胸が、耳の下に肩があればOKです。そして口に空気がたまらないよう、舌先を上あごの歯のつけ根に軽くつけて、口を閉じます。また目は見開かず、目の周りの力を抜いて、斜め下45度くらいの角度に視線を落とします。

5 呼吸の仕方

姿勢が整ったら、静かに大きく、口呼吸と腹式呼吸で深呼吸を行います。おなかに空気が入っていくことを意識しながら、3回くらい深呼吸したら、その後は自然に、鼻呼吸と腹式呼吸に任せます。

6

体を左右に揺らす

頭、首、肩、背中を固定し、上体の軸をメトロノームの針のように、最初は大きく、徐々に小さく左右に揺らして、軸のバランスがとれた位置で静止します。続いて前後に軽く振って、同様に軸のバランスのとれた位置で静止し、姿勢を落ち着かせます。これを左右揺振（さゆうようしん）といい、坐禅の終了時にも行います。

開始時の左右揺振（さゆうようしん）

↓

上体を、まず2～3回、大きく左右に揺らします。徐々に小さく揺らして、最後に軸が安定するところ=自然に止まる位置で静止します。自分で意識して止めないようにするのがコツです。

7 坐禅の始まり

坐禅の始まりを止静といいます。

止静

姿勢と呼吸に意識を向けながら、坐禅を始めます。「調身調息調心」といい、身を整え、息を整えることで、おのずと心が整います。途中でいろいろな考えごとが浮かんできたら、考えごとが浮かんだという事実を認識したうえで、その内容には取り合わず、姿勢と呼吸に意識を戻します。

8 坐禅の終わり

坐禅の終わりを放禅といいます。

放禅

坐禅を終えるときは、まず足を組んだまま、合掌してお辞儀します。次に、両方の手のひらを上にして、それぞれを足の上に置き、左右揺振をしたのちに、組んでいる足をほどきます。立ち上がって再び、隣位問訊、対坐問訊をして、終了します。

終了時の左右揺振

手のひらを上にして足の上に置き、上体を、まず2～3回、小さく左右に揺らします。徐々に大きく揺らして、体のこりをほぐします。

「とらわれ」を手放して、すっきりしましょう

片づけを面倒にする最大の原因は、ものがありすぎること、ではないでしょうか。ものが多いと、あらゆるところが乱雑になりやすく、なかなか片づけ切れません。収納場所もぎゅうぎゅうで、ものが出し入れしにくく、「出したら、しまう」という、片づけの基本的なことがおっくうになります。その結果、あふれたもので部屋が散らかってしまい、片づけがどんどん面倒になってしまうのです。

永平寺をはじめ、お寺の堂内は、よけいなものがない、すっきりと片づいた空間です。永平寺では修行僧の持ち物が制限され、「ここにものを置いてはいけない」というルールもあります。しかしルールだけで、その空間が成立しているかというと、そうではありません。修行僧は「ものが置かれていない空間」に慣れることで、自然と「すっきり」を保てるようになるのです。

ものを置き始めると、そのことに慣れます。そして、そこにだんだんとものがプラスされていく。そうしてものがたまり、やがてはものがあふれすぎていることにも慣れてしまいます。片づけを習慣づけるには、よけいなものがない空間に慣れることが大事です。そのためにはやはり、ものを整理する必要があるでしょう。つまり、片づけは、ものを減らすところから始まります。

ものを処分できない、捨てられないという人は、多いと思います。「思い出のあるものだから、捨てられない」といった話も耳にします。しかし、思い出はものに依存するのではなく、頭の中にあるわけですから、ものを捨ててしまっても、思い出がなくなるわけではありません。ものを、思い出に浸るきっかけにしたいのであれば、写真に撮ってデータにすればいいのです。そうではなく、もの自体に何か思い入れがあるということなら、それは何かしらの「とらわれ」かもしれません。

「もったいない」もまた、とらわれです。「捨てるのはもったいない」といって、たくさんあるものを全部残して、さらに増やそうとする。現代は「もったいない」と言いながら、ものを増やす人が多いといえます。その結果、使っていないものが大量にため込まれることになり、いっそうものが取り出しづらく、使いにくくなってしまう。本当はその方がもったいないのです。そうではなく、今あるものを活用して新しく買わないとか、買う前に本当に活用できるかをよく考えるとか、ものを増やさない、使い切る方向の「もったいない」に、意識を変えていきましょう。

「これは思い出の品だから」とか「またいつかそのうち、使うかもしれない」と考えるのは、過去や未来にとらわれている、ということです。（今は使っていないけど）過去に思い出があった、（今は使っていないけど）将来使うかもと、意識が「今」ではないところに向いてしまっています。

つねに「今ここ」という意識を持つようにすれば、ものを処分することができます。

ものを捨てられないのは、さまざまなことにとらわれているから。そのとらわれとは、自分自身がつくり出しているもの、ということに気づきましょう。たとえば、「これは私にとって大切なもの」と思うときには、ものに「私」が入り込んでいます。長く大切にしているものなら、「私」が隅々まで入り込んでいることでしょう。するとそれを捨てるのは、自分の一部を捨てるように感じられるので、抵抗があって当然です。けれども、よくよく見れば、ものはただのものでしかなく、「私」なんてどこにも入っていない。ものの価値は自分が勝手につけ加えているだけ、ということに気づく。

こうしたことを、禅では「手放す」といいます。「自分」という思いを手放していく。それは思考の話だけではなく、行為として手放すことも必要です。とらわれを手放せば、ものが減り、おのずと片づけも楽になります。

八屋山普門寺の本堂です。約100畳の広さがありますが、よけいなものは一切置いていません。すっきりとした空間は、心にも影響を及ぼします。

ものを整理しなければと思うけど、いざ捨てるとなると躊躇(ちゅうちょ)してしまう。その繰り返しで、結局どれも捨てられない……というのはよくあるパターンです。

ものに「優先順位」をつけてみましょう

そうした場合はまず、必要性や使用頻度を加味して、ものの「優先順位」をつけてみるといいでしょう。あれもこれも皆、捨てられないと思ってしまうのは、優先順位をつけていないから。自分にとって本当に大事なものは何なのかを、整理するプロセスが必要です。これも一つの、「自分と向き合う」ということです。

「これは大事だから、絶対に捨てられない」と思うものをレベル10として、それぞれのもののレベルを考えてみます。ものが捨てられない人は「全部10だから、全部捨てられない」と思うかもしれません。でも、その中で優先順位を考えてみる。捨てられる、捨てられない、ではなく、大事なものの優先順位を決めてみよう、と思えば、順位がつけられるのではありませんか。

そのようにして優先順位をつけることで、「あれもこれも皆大事」というところから、ものに対する意識が変わってきます。これはどうしても大事だけど、これはまあそこまでじゃないかな、などと考えているうちに、これはもしかしたらいらないかも、捨てられるかも、と思えるものがわかってくるのではないでしょうか。

思い出の品物にしろ何にしろ、ものを捨てられないのは、捨てると自分が何かダメージを受けるように思うから。つまり不安があるから捨てられないわけですが、実際に捨ててしまえば、べつに大した問題はありません。不安は自分が頭の中でつくり出しているものであり、とらわれにすぎません。手放してしまえば、「あれ、意外と気持ちもすっきりしたな」などという、プラスの部分も出てきます。

では、なかなか「捨てられない」気持ちを乗り越えるためには、どうすればいいのでしょう？　実は、「とりあえず捨ててみる」ことを試すのが一番の近道で、これは恐怖症の克服と同じです。

高所恐怖症の人は、高い場所に行くと非常に苦しい思いをするので、高い場所に行きません。しかしながら高所恐怖症を治すのは、さほどむずかしいことではなく、高い場所で20分程、じっくりと景色を見ると改善することがあります。恐怖心理に限らず、ぐーんと上がった感情は、20分で下がるのです。これは人間の生理反応によります。神経が高ぶるのは交感神経が優位になっているからですが、20分たつと今度は副交感神経が優位になり、高ぶりが沈静化するのです。

しかし、高ぶりが長引いてしまう人もいます。神経が高ぶったときに回避行動といって、そのものと向き合わないようにすると、本来なら下がっていく不安感情が、さらに上がってしまい、高ぶりが持続することになります。高い場所に行っても、怖い怖いと言って、ずっと景色を見なかったりすると、こうなってしまいます。

つまり、いつまでも躊躇して、「捨てられない気持ちが超えられない」のは、「捨てていないから」だといえるのです。思い切って捨ててしまえば大丈夫。ものがなくなったときには、ないなりにやっていけます。その場その場で、臨機応変に対応できるのが、人間の強みです。また人間は案外薄情で、いざ手放せば、そのもののことなど、すぐに忘れてしまったりもします。なかったら、ないなりに何とかなるはず、という視点を持つことが大事です。

思い切って、とりあえず一つ捨ててみる。その際のポイントは、優先順位のボーダーライン、これは捨てられそうかな、どうかなと悩むレベルのものを捨ててみる、ということです。レベル10は絶対に捨てたくないけど、レベル4以下はまあまあ捨てられそうだとしたら、これはどうしようかと迷う、5か6のものを捨ててみる。それが捨てられたら、それ以下のレベルのものは、全部捨ててもいいんだと思えます。レベルが下のものから捨てると、それ以上のものは「捨てられないもの」になり

がちで、そこから先に進まなくなってしまいます。

そして、捨ててみる際には、捨てる前の不安はどれくらいで、捨てて1日くらいたった後の不安はどれくらいかを、これもまた、きちんと数値化してみるといいでしょう。たとえば、捨てる前の不安が10だとしたら、捨てた後はどうなったか。その変化を見ることが重要です。たいていは、捨てる前に勝手に思っていた数値よりレベルダウンしているもので、実際に捨ててみたら4だった、ということもあるでしょう。すると、なんだ、大したことじゃなかったんだと気づけます。そこで、ほかのものも一気に捨てられるようになるかもしれません。

もちろん、捨てるのではなく、リサイクルやバザーに出したり、人にあげたりしてもいいでしょう。今はユーズドの服を段ボール箱で送れば、買い取ってくれるところもあり、ネットで探せば、そうした業者がいくらでも見つかります。どこかに持っていかなければいけないとなると、ハードルが上がりますが、宅配便で送ればいいのであれば手軽ですよね。そうしたものを利用するのも一つの方法です。どんな形でも、ものを手放す習慣をつけることが、片づけの第一歩です。

ものを増やさないためのルールを決めます

ものをある程度減らすことができたら、そこから増やさないようにすることが肝心です。服やバッグを思い切って捨てて、ぎゅうぎゅうだったクローゼットに余裕ができると、「ああ、きれいになった。すっきりした。スペースがちょっとできたから、そのぶん買えるわ」と、買ってしまう人が少なくありません。新しいものを買うなとはいいませんが、どこかで制限しないと、またすぐにクローゼットがぎゅうぎゅうになることは目に見えていますよね。

むやみに買うのではなく、買う際のルールを決める必要があります。そこで、「ものを確実に減らしていく」ということを考えれば、「二つ捨てたら、一つ買ってもよし」とする「2分の1の法則」を、自分に課すといいでしょう。捨てることを前提にした方がいいので、「一つ買ったら」ではなく、「二つ捨てたら」にするのがポイント。これなら、「がんばって二つ捨てたら、一つ買ってもいいんだ」というような安心感があり、モチベーションを上げやすいでしょう。それでうまくいったら、3分の1、4分の1と目標値を上げていくと、ものがどんどん減らせます。要は、買ってもいいけれど、買う前に処分するくせをつけるということです。

そもそもの、買いものの仕方を考えることも大事でしょう。たとえば、セールの罠というものがあります。セールはもとの値段から安くなっているので、買うとすごく得をしたような気になりますが、必要のないも

自坊の客室にも、やはりできるだけものを置かないようにしています。よけいなものが置かれていない空間は、気持ちがいいと思いませんか。

のまで買ってしまったら、結局それは損をしていることになります。「もとは高かったんだから」とか「ものはいいんだから」と自分に言いわけしたりしますが、そんなことは関係ありません。

安くなっているから、ではなく、「本当に自分にとって必要なのか」を自問自答する。あるいは、2万円のものが1万円になっていたから、買いたいと思っても、それがもともと1万円だったら、はたして買いたいと思うのか。「もとからその値段だったら買うか」を自問自答する。そこで迷ったら、買わない方がいいでしょう。

また、「人が持っているから、自分も持たなきゃ」とか「皆に合わせなきゃ」というような感覚があったりしますね。そのために、自分がとくに欲しいと思っているわけではないものを買ってしまう。ママ友や仲良しグループ、趣味のサークルなどのコミュニティーで、皆と合わせることが、すべてよくないとはいいません。場合によっては、合わせることも必要でしょう。

けれども、自分の「合わせよう」という気持ちが、一体何からきているのかということは、しっかり理解しておく必要があると思います。「自分はなぜ合わせようとするのか」を考えることも、「自分と向き合う」ことの一つです。本当は合わせる必要がないかもしれないのに、合わせておけばとりあえず無難だからと、合わせることで単純に安心感を得ようとしているのであれば、それは安易だといえるでしょう。

もともと日本人には、皆と同じものを持ちたがる、という傾向があるかもしれませんが、現代は、価値観の多様化が進んでいる時代です。昔に比べたら、皆が一斉に同じようなファッションをする、ということが少なくなっています。ほかの人と同じ価値観でなくてもいいのに、何となく合わせている。それは、周りの空気で、そういうふうに合わせなきゃいけないと感じているだけかもしれません。自分が勝手にそう思っているだけで、周囲はべつにそんなことを求めていなかったりもします。そのように、空気にとらわれているケースは、多いのではないでしょうか。

ものを捨てられないのも、とくに欲しくないものを買ってしまうのも、どちらもとらわれのなせる業。とらわれないで生きていくことは、仏教でいう「涅槃寂静（ねはんじゃくじょう）」であり、心が穏やかな状態で過ごしていけるということなのです。

片づけはまず その日にやることを 決めてから

片づけもそうじと同様、時間を区切ることが大切ですが、それ以上に重要なのが、「その日、何をするかをまず決めておく」ということです。やることは一つでかまいません。キッチンの戸棚の中を片づけるとか、洗面台の下を整理するとか、たまっている雑誌を残しておくものと古紙回収に出すものに分けるとか、ともかく「今日はこれ」という形で、時間内にやれそうなものを考えます。それをせずに、あちらこちらに手を出してしまうと、収拾がつかなくなってしまいます。

これは、引っ越し荷物を片づけるときと同じです。一気に片づけようとして、あれこれ段ボール箱を開けてしまうと、部屋が散らかる一方で、結局はなかなか片づきません。それよりも、「今日はともかく、この段ボール箱一つを片づける」という形で取り組んだ方が、結果的に、片づけを早く終わらせることができます。

日々の片づけも「今日はこれ」と決めたら、それ以外のことはしない。決めた時間よりも早く片づいても、その日はそれで終わらせてよしとします。反対に、昔のものを整理し始めたら、つい思い出に浸って、思ったよりも進まなかったなどというときも、時間がきたら、とりあえずそこで打ち切ります。

いずれにしろ、一度にがんばりすぎるのは禁物です。気合いを入れすぎると、往々にして、途中で燃え尽きてしまいます。疲れて片づけが嫌になり、中途半端なまま、ほったらかしということにもなりかねません。片づけたいものがいろいろあっても、「急がば回れ」のつもりで、少しずつ着実にやっていきましょう。

片づけたいものや、やらなければいけないことを、選択肢としていくつかリスト化しておき、その中から一つを選ぶのもいい方法です。選択肢から選ぶことは、モチベーションを高める効果があります。項目をホワイトボードやメモに書いて、選んだものを消していってもいいですし、ふせんに書いて冷蔵庫などに貼っておき、はがしていく、というのでもかまいません。あるいは、スマートフォンのリマインダーを使うのも手です。自分がやりやすい方法で、やればいいでしょう。

そうして一つずつ片づけていくと、あと三つとか、あと二つというのがわかって、さらにモチベーションが上がります。いかにやる気を持続させるかが、日々の片づけをスムーズにするカギです。

一日一回「触る」ことを習慣づけて

どのお宅にも、「ものが積み重なりやすい場所」というのが、あるのではないでしょうか。たとえば、リビングのテーブルに、郵便物やスーパーのチラシ、町内会や子どもの学校の書類などが、山になっていたりしませんか。

ものが積み重なってしまうのは、「そこに触っていないから」。触って手に取りさえすれば、「これはもういらない」とか、「これは早く提出しなきゃいけないな」などとわかるので、不要なものは捨てられます。

重なりやすいものの中でも、とくにたまりがちなのは郵便物です。今はダイレクトメールも多く、少し放っておいただけでも、たちまち重なってしまいます。郵便物は届いたら即座に開けて、中を見るのが一番です。それで、不要ならすぐに捨てる。後で見ようとすると、なかなか見ません。そして山になっていく。郵便物なんて、開けて見るだけのことなのに、たまるとてきめんに面倒になってしまいます。

何でもそうですが、たまるとモチベーションが下がります。片づける前からうんざりして、ハードルがどんどん高くなっていく。これに全部、目を通さなきゃいけないのかと思うと、嫌になってしまうでしょう。

郵便物はとにかく開けて、その場で処理できることは、処理してしまうこと。郵便物を手に家に入ったら、着替えたり、何かほかのことをしたりする前に、まず郵便物を開けるというルーティンをつくるといいでしょう。個人情報が気になって、シュレッダーにかけてから捨てる場合は、シュレッダーにかけるところまでできればベスト。それが無理なら、一週間の中でシュレッダーをかける曜日を決めて、生活のサイクルに組み込んでしまいます。

リビングのテーブルなどは、目につきやすいので、そこにものがあふれていると、心が落ち着かなくなってしまいます。「片づけができていない自分」が責められている気持ちになるかもしれません。ものが積み重なりやすい場所、たまりやすい場所は、一日一回、点検のつもりで、必ず手を触れる習慣をつけましょう。

その際に、ついでにテーブル周りを拭くなどがプラスできれば、さらによし。そこのそうじはそれでOKになり、改めてそうじをする必要がなくなります。こまめに片づけることは、結局、自分を楽にすることになるのです。

玄関周りには極力ものを置かないこと

一般的に玄関には、意外と多くのものが置かれています。傘立てのほか、ゴルフバッグや子どもの遊び道具、届いた荷物などなど。靴を何足も出しっぱなしにしていることも多いようです。ものがたくさんあると、それをどかしてそうじするのが大変ですから、ものの周りだけを掃くことになりがちです。

しかしながら玄関は、外からゴミやほこり、土などが入ってきて、汚れやすい場所。ものの下やものの間などに、汚れがたまっているはずです。その周りだけをきれいにしても、風が吹いたりしたら、ほこりなどが顔を出すことになります。つまり、そうじをしても結局きれいになっておらず、すぐに汚くなってしまうのです。

ものを動かしてからそうじをするのが基本です。そのためには極力ものを置かないようにすること。玄関に置かなくてもいいものは、別の場所にしまう。靴は何足も出しっぱなしにせず、下駄箱に入り切らないのなら整理する、というところから始める必要があります。玄関はその家の第一印象を決める場所でもあるので、すっきりときれいにしておくメリットは小さくありません。ちなみに「玄関」は仏教から生まれた言葉で、「玄」は深い覚(さと)り、「関」は関門。つまり、「深い覚りに入るための関門」という意味になります。そうした点からも、きれいにしておかなければいけない場所だといえます。

なお、汚れやすい三和土(たたき)は、ほうきで掃くだけでは不十分なので、ときどきはぞうきんで拭くようにします。玄関用のぞうきんを近くに置いて、拭きやすい状態にしておくのがおすすめです。また土などを、できるだけ外から持ち込まないようにすることも大事。一軒家の場合は、玄関の外に土落としマットを置くといいでしょう。

置いてあるものをきちんとどかしてから、そうじをするのが基本です。ものが置いてあった隅の方はとくにほこりがたまりやすいので、念入りに掃くようにします。

禅式コラム

僧侶の持ち物はとても少ないのが基本です

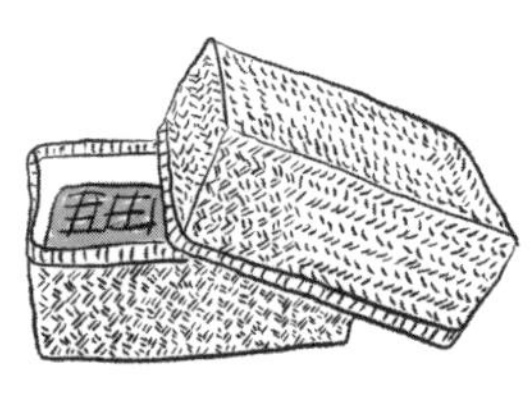

永平寺の修行僧の私物は行李（こうり）一つだけ。しかも、その中には決められた生活必需品しか入っていません。寺に入るときに持ち込めるものがリスト化されていて、これ以外のものは一切持ってくることを禁ず、と書かれています。本もだめ。お金も決められた額だけ。全部点検が入り、もし、それ以外のものを持っていったら、即座に没収です。

そもそも僧侶は、持つべきものがすごく少ないのです。「三衣一鉢（さんえいっぱつ）」とか、「十三物（じゅうさんもつ）」「十六物（じゅうろくもつ）」など、いろんな言い方がされますが、それは、三つの衣と一つの鉢、あるいは13のもの、16のものしか持たないのが、僧侶のあり方である、ということです。

つまり、自分のものとしては、限られたものしか持たない。その他のものはすべて共有物です。「これは自分のもの」と思ってしまうと、そこにとらわれが生まれます。とらわれを手放すのが仏教ですから、必要最低限のものだけを持ち、後は基本的に自分のものにしないのです。

私物は行李一つ、という生活をしていると、それだけで生活ができてしまいます。自分にとって、いろんなものが本当は必要なかったんだな、ということがよくわかってくるのです。

また、自分のものである必要性がない、シェアすればいいものが多いことにも気づきます。ものがないなら、ないなりで、何とでもなる、というのは私の実感でもあるのです。

第4章

「心とくらしが整う」お悩み相談室

■会社員　女性59歳　関東地方在住

お悩み 1　料理の手抜きができず、自分がつらくなっている

日々の献立に頭を悩ませています。以前は、家族の誰かしらが外で食べてくると言って、夕飯がいらなかったり、ときには家族で外食したりしていましたが、今では主人も子どもたちも、毎日自宅で夕飯を食べるようになりました。もともと料理をつくるのは嫌いではないのですが、レパートリーがあまり多くないので、つねに困っています。毎日毎日何にするかを考えていて、家族から「今日の夕飯は何？」と聞かれたら、イラッとしてしまうしまつ。冷凍食品やできあいの惣菜を買うことには抵抗があり、手が抜けないために、自分がつらくなっています。

A

家族のために日々よくがんばっていらっしゃいますね。手抜きをしないのは本当に立派です。ですが、そのがんばりが自分の首を絞めているようにも思えます。家族が「夕飯は何?」と聞くのは、あなたがつくる食事を楽しみにしているから。それにイラッとするのであれば、かなり余裕がない状態です。

少し角度を変えて、手を抜かずに楽をする方法を考えましょう。レパートリーが多くないとのことですが、手持ちの調味料で「味変」するだけでも印象の異なる料理になります。今までの料理に酸味や辛みなどを加える。あるいは鶏肉のメニューを豚肉でつくるなど食材を変えてもいいですね。「この料理はこの食材でこの調味料」という思い込み、マニュアルどおりにつくることへのこだわりを手放せば料理の幅は広がります。またレパートリーを増やしたいなら、個々のメニューよりも調理法のレパートリーを増やすほうが得策です。ゆでる、煮る、焼く、炒める、揚げる、蒸す、あえるといった調理法から、これまであまりやっていなかったものをとり入れる。夕飯の食材だけを決めておき、調理法はサイコロやあみだくじで、というような遊び感覚でやってみるのも楽しいかもしれません。

なお、日本人があまりしない調理法でおすすめなのがオーブン料理です。天板にクッキングシートをしいて切った野菜をのせ、上質の塩とオリーブオイルをかけて焼くだけ。それでいて味は本格的なのですから、やらない手はありません。

■会社員　女性40歳　中部地方在住

お悩み２

夫婦ともに在宅ワークのため、家でリラックスできなくなった

夫婦共働きですが、勤務体制が大きく変わって、夫も私も基本的に在宅で仕事をすることになりました。住まいがマンションで狭いので、リビングの一部をワークスペースにしているものの、どうしても互いの声や音が気になってしまい、イライラしたり、圧迫感を感じて集中できなかったりしています。また、仕事関係の書類や文房具などが散らかりやすく、リビング全体が雑然とした雰囲気になって、仕事が終わったあともリラックスできません。寝室など別の部屋にデスクを置く余裕はなく、どうすれば気持ちよく仕事をして、くらしていけるかと悩んでいます。

A

こうしたお悩みは、在宅ワークを前提とした住環境になっていないことが原因です。もっとも、日本の住宅事情を考えれば、仕事部屋を設けることはなかなかむずかしいでしょう。やむなくリビングルームで仕事をする方も多いと思いますが、そうすると、仕事の場とプライベートの場が同居していることになり、気持ちのオン・オフの切り替えがうまくできなくなります。そのため、仕事が終わったあともリラックスしにくくなってしまう。そして、それを増長しているのが、仕事関係の書類や文房具が周囲に散乱していることです。部屋が雑然としていると心が落ち着かないものですが、あちこちに仕事関係のものが目につくようでは、気持ちが休まるはずがありません。

改善策としては「仕事が終わったら仕事関係のものは一切目に触れないようにする」こと。ボックスやかごなどを用意して、その中にすべて入れるようにすれば、さっと片づけられます。そうした「片づけのルール協定」を夫婦で取り決めておくといいでしょう。

なお、仕事中に互いの声や音が気になったり、集中できなくなるのも、一日中気が休まらず、常にストレスがかかっているから。仕事をやりやすくするには、どちらか一方が、喫茶店やコワーキングスペースに行くという手もありますが、コロナ禍ですと、その選択肢からもなかなか選べません。まずはすぐにできることとして、仕事が終わったら仕事関係のものを隠すことから始めてみてください。

お悩み 3
家族の在宅が増え、家事をかなりの負担に感じる

主人はテレワーク、子どもはオンライン授業で、ともに在宅が多くなり、家事が大幅に増えたことで、かなりの負担を感じています。自分が出かける場合でも、家族の昼ご飯を用意したり、出かける時間帯を選んだりせざるをえません。友人からは、「家族のことは気にせず、自分のしたいようにすればいいのに」と言われますが、それもできず、家外でパートの仕事をして、家では家政婦のように働く日々。家族に家事の分担を申し出てもスルーされてしまい、解せないままこなしています。家族が家事に協力してくれるようになる、いい方法が知りたいです。

A

友人の言うようにできないのはなぜでしょうか？　責任感が強すぎるのか、あるいは家族に遠慮しすぎているのか。いずれにせよ、まずは自分が「いっぱい、いっぱい」になっていることを家族にしっかり伝える必要があります。「家事の分担を申し出てもスルーされる」のは、あなたの主張を、家族があまり真剣に受けとっていないから、という気がします。強くアピールして険悪な雰囲気になるのが心配なのかもしれませんが、わかってもらうためにはいっそキレてしまってもいいと思います。他人に対してキレてしまうと関係が修復しにくくなりますが、家族ならば大丈夫、修復できます。

それはともかくとして、このままでは自分がつぶれてしまうので、たとえ言いにくくてもきちんと言うようにしましょう。ただし、心に留めておきたいのは、こうした状況下では誰もがしんどい思いをしているということです。夫も子どももそれぞれが何らかのストレスをためているはずで、家事の分担をスルーされるのは、家族の方も「いっぱい、いっぱい」になっているからかもしれません。

人はどうしても自分の大変さだけにとらわれて、相手のいたらなさを攻撃しがちですが、それでは正面衝突してしまいます。問題解決のためには皆が同じ方向に向かって進んでいくことが大事です。誰もが大変だということを前提に、この状況にどう対応したらいいか、どういうやり方が皆にとってベストかを家族で話し合ってみてください。

■専業主婦　女性42歳　東北地方在住

お悩み4　子どもの生活リズムが崩れ、どのようにしつければいいか悩む

小学校5年生の息子が友達と遊びづらくなり、生活に刺激や楽しみが少なくなったせいか、勉強をすると嘘をついて、ダラダラといつまでもゲームをしていたり、ユーチューブばかり見ています。その結果、寝るのが遅くなることも多く、朝なかなか起きられないことがしばしばです。子ども部屋はいつも散らかり放題で、少しは片づけなさいと叱ると、しぶしぶながら一応はやるのですが、数日するうちにまたもとどおり散らかっています。子どもに生活のリズムを整えたり、片づけの習慣をつけさせるには、どのように言って、しつければいいのでしょうか。

A

心理学的に見ますと、人は何かを強制されたり、禁止されたり、決めつけられたりすることに対して、ひどく反発するものです。つまり「いいかげんにゲームはやめなさい」とか「部屋を片づけて！」と口うるさく言うのは逆効果。子どもの生活習慣を変えたいのなら、そのやり方を「自分で選択させる」のが有効です。人は自分が選んだことに意味づけしようとするため、おのずとそれに従います。

たとえば、ゲームと勉強の時間をどう割りふるか。1時間勉強したら30分ゲームをしてもいいとするか、それともがっちり勉強して、その後は自由ということにするのかを選ばせる。寝る時間や部屋の片づけをいつするかなども、子どもに決めさせるといいでしょう。

そして、子どもがきちんとできたときの言葉がけこそ重要です。たとえば、部屋がきれいになったとき、親はつい「だから早くやれって言ったでしょ」などと言って、これまでのうっぷんを晴らそうとしがちですが、それはよくありません。子どもにしてみれば、せっかくやったのにマイナスの言葉が返ってくることになり、やる気を失ってしまいます。ですので、きちんとできたらほめることを忘れずに。

また、コツとしては、できた結果よりもそれに至るまでのプロセスをほめること。「やればできるんだから」じゃなく、「よくがんばったね」と、相手の努力そのものを拾い上げ、やる気スイッチを押してあげましょう。

■パート勤務　女性37歳　関西地方在住

お悩み 5 そうじや片づけのやる気が出ない

平日はほぼ毎日パートに出ているので、そうじや片づけのためのまとまった時間がとれません。休日に「今日こそはきちんとそうじや片づけをしよう」と思うのですが、つい出かける予定を入れてしまったり、家にいてもだらだらと過ごしてしまい、気がつくと夕方になっていることが多いのです。

過去に何度かは気合いを入れてやり始めたものの、いざやり出すと、あそこもここもと思い、結局は中途半端なままに終わって、今はどこから手をつけていいのかわからない状態です。

どのようにしてやる気を出せばいいのでしょうか。

A

なかなかまとまった時間がとれないのに、よく気合いを入れてやり始めましたね。そこは立派だと思いますが、まとまった時間がないと片づけられない、というのはもしかすると思い込みかもしれません。まずは時間を決めて、今日はこの部分だけやる、という形でやっていくことをおすすめします。

たとえば、朝起きてパートに行くまでのどこかの時間に、そうじや片づけをすると決める。気合いを入れないとやり始められないそうじはつらいものですが、時間を決めてしまえば、体がそのリズムになります。自動的に何時だからそうじをするという流れになるので、気合いはいりません。時間はほんの10分でもいいでしょう。

10分では何もできないと考えるとやらなくなりますが、10分でできることは何かと思考をシフトさせると、できることが増えます。とりあえずできることをやり始めれば、10分でできることの範囲もわかってくるでしょう。すると、あれは大体どれくらいだなと予測がつくようになり、今後の見通しも立てられます。

人間は見通しがつくと不安が軽減されるので、やりながらあそこもここもとあせらずにすみます。あれこれ気にすること自体は悪いことではありませんが、そこで手をつけてしまうと収拾がつかなくなります。気になった箇所はメモをしたり、スマートフォンのリマインダーに残すようにしてみてはいかがでしょう。

そして今度はそこにどれくらいの時間がかかりそうか、見通しが立てられると、計画性が生まれます。

■パート勤務　女性48歳　関東地方在住

お悩み 6

夫の在宅ワークのせいで家事のペースが狂い、イライラする

夫がほとんど在宅ワークになったために、私の家事のペースが狂い、イライラしてしまう日々です。以前はそうじの時間を決めていて、片づけの計画を立てたり、自分なりに家事のルーティンもしっかりできていたのですが、夫が家にいると、それらが崩されてしまうのです。私が何をしていても、夫はお構いなしにあれこれ言ってきて、ちょっとした用事を頼んだりもするので、やっていることが中断されてしまい、結局予定どおりに終えられません。そうじや片づけが中途半端のままになったり、あと回しにしなくてはならなくなることがとても嫌です。

A

あなたはおそらく家事をかなりきちんとされている方なのでしょう。しかしながら、スケジューリングやルーティンがきっちりしすぎているせいで、それが崩されることに強い拒否反応が起きてはいませんか。これは心の柔軟性が失われている状態だといえます。状況が変化しているのに、それに合わせて対応することができない。誰にでもありがちなことですが、以前のやり方にとらわれてしまっています。まずはそのことに気づきましょう。そして、家事の最中に夫から何かを頼まれてイラッとしたら、その怒りにのみ込まれるのではなく、深呼吸を一つして、自分の感情を冷静に見つめてください。あれこれ考えるのではなく、自分の感情をただ受けとめる。そうやって、「自分はこういったことで怒りがわいてくるんだな」と、自己を客観的にとらえることで心の柔軟性が導かれます。

一方で、夫と話し合うことも大切です。たとえば、「用事はそうじが終わったあとに言ってほしいんだけど」などと伝えて、夫が了解してくれればそれでよし。夫とコミュニケーションをとることと、自分の柔軟性を高めることを、両輪のようにしてやっていくのがポイントです。柔軟性が出てくれば、たとえ夫がついうっかり家事の途中に何かを頼んできても、「残りはあとでやればいいか」と思えるでしょう。

ちなみに、禅僧の実践する坐禅は、自己を客観視する中で心の柔軟性が自然と高まります。ぜひ、やってみてください。

■会社員　男性39歳　東海地方在住

お悩み7

親がたくさんあるものを捨てられない

実家はものにあふれています。両親ももういい年齢なので、先々のことを考えて、少しはものを整理してもらいたいと思っているのですが、うまく説得できません。

大半のものは使われている様子もなく、不要品のようなのに、田舎の大きな家でなまじスペースに余裕があるため、処分しようと思わないみたいです。

私が子どもの頃のものもたくさんとってあり、私はいらないと言っているのに、母が捨てることに反対します。

あまり強く言うと親の死を意識しているみたいだし、とはいえ親が亡くなった後に片づけるのは私。どうにかしてほしいのですが……。

A

ご両親に変わってもらうのは、やはり少しむずかしいと思われます。お母さんがそのように反対するというのは、よほどのことです。どうしてそんなに抵抗を示されるのでしょうか。

お母さんにはお母さんの思いというものが、きっとそこにあるのでしょう。親には親の気持ちや考え方、親の人生があるわけですから、まずはそれを尊重してあげましょう。

あなたにも経験があると思いますが、整理というものは、少なからず喪失体験をともないます。整理をすることでお母さんは何を失いたくないのか、ちゃんと理解した上で、その気持ちを受け止めてあげてください。その上で、ご両親ときちんとコミュニケーションをとりながら、対応を考える必要があります。

もしご実家が代々続いている家なら、ご両親に前の世代のものをどうしたのかを、聞いてみるといいでしょう。それで先代のものが片づけられずに残っているということなら、「じゃあ、一緒に片づけようか」と言って、自分が実家に帰ったときに、一緒に少しずつ片づける。そういった体験を通しながら、ものを整理することの大変さを実感してもらうのです。

お母さんも、「結局自分もこうして、ものを残していっちゃうんだな。やっぱり亡くなる前にはものを少なくしておかないとね」とわかってくれるでしょう。

親の代からの家の場合も、一緒に片づけるのがおすすめです。そして親の思い出の品は、写真に撮って残してあげるなど、ご両親の気持ちを大切にしながら、ものを少しずつ減らしていきましょう。

お悩み 8

夫や子どもが家にいることが増え、家族の存在を負担に感じてしまう

生活の中でいろいろと制限ができ、肩の力が抜けない昨今。夫や子どもが家にいる時間が増えたことで、家事や育児が以前よりもあきらかに大変になり、自分一人の時間も減ってストレスを感じています。帰省や家族旅行はもちろんのこと、近場へのお出かけや外食も控えているので、息抜きや気分転換もできません。友達とも会いにくくなって、ぐちを聞いてもらったり、たわいない話で盛り上がったりすることもままならず、ストレスがたまる一方です。家族みんなが元気で家にいることは幸せなはずなのに、負担に感じる自分を責めてしまいます。

A

生活状況の変化はそもそもストレスになりやすく、ストレスがたまるのも負担に思うのもあたりまえのことですから、ご自分を責めないようにしてください。

さて、旅行したり友達と会ったりしての気晴らしがしにくくなっている中、家での自分一人の時間が減ったことがストレスを増大させていると思われます。まずは自分の時間を確保するようにしましょう。それには、家事のパフォーマンスを上げて今まで以上に効率よくやるか、あるいは自分の仕事を減らすか、多少クォリティーを下げるか、です。

状況が変わったのですから、前と同じようにやれなくてOKと考えましょう。これまでのやり方ではしんどくなる、つまり対処できないのであれば、新しいやり方を模索しなければなりません。そのためには家族の理解、協力も必要です。

育児中のお母さんからよく、「家族が家にいると昼寝ができない。だらけていると見られてしまうから」と聞きますが、お母さんは昼寝で心身のバランスをとっていたわけで、それは必要な休息です。そういった自分の事情を説明して、家事や育児を自分一人で抱え込まずに、家族に分担してもらう。そして自分の役割の中で優先順位をつけたり、やり方を変えたりして、自分の時間をつくったら、これまでの旅行や外出とは違う息抜きを考えましょう。ガーデニングでもハンドクラフトでも、いろんなことに好奇心を持ってチャレンジすれば、自分に合ったものが見つかります。

おわりに

現在、〈おうち時間〉が増え、改めてそうじや片づけなどの家事全般に関心が向くようになった方も多く、コロナ禍におけるくらしのあり方が問われるようになりました。

私自身、禅仏教や臨床心理学の立場からのコメントを求められることが増えましたが、その背後には決まって、「ｗｉｔｈコロナ」という新しい環境への反発や、それに適応できないとまどい、先行きへの不安が見え隠れしていました。そんな中、本書を刊行させていただいたのも、仏教の智慧が現時点で困っていらっしゃる方の一助になるかもしれないと感じたからです。

禅の修行として行われるそうじに関して、こんなお話があります。

インド仏教の戒律書の一つ『根本説一切有部毘奈耶雑事（こんぽんせついっさいうぶびなやぞうじ）』に出ている逸話で、ジェータ林精舎でそうじの功徳を積んでいた在家信者のアナータピンダダ長者が、用事でそうじに来られなかったとき、釈尊が自ら模範となってそうじを始め、弟子たちに背中で清掃の重要さを説いたというものです。そこには、そうじによる五つの果報もあわせて説かれています。それは、

1　自分の心が清まる

2　他者の心を清める
3　神々が喜ぶ
4　仏道実現の土台が積まれる
5　死後に天の世界に生まれる

というもので、似たような教えは他の経典にも見られます。支謙(しけん)訳『撰集百縁経(せんじゅうひゃくえんぎょう)』では一部相違があり、3が「驕(おご)り高ぶる心を取り除く」、そして4がまさに「心を整えて正しくする」となっています。果報のために実践するものではありませんが、そうじという日常的な行為が、自己のありようを見つめ直す縁(よすが)となっていることがよくわかります。本書から、そのようなエッセンスを感じていただければ幸いです。

最後に、追加分の取材をしてくださった岩原和子さんや担当編集の井上留美子さんのご協力を得て本書を発刊することがかないました。改めて御礼申し上げます。

それでは、本書を読まれた皆さまが、心穏やかな「くらし」を送れますよう、お祈り申し上げます。

二〇二一年七月三〇日　釈尊の縁日に記す

吉村昇洋　九拝

心とくらしが整う

禅の教え

二〇二一年九月十六日　第一刷発行

著者　吉村昇洋

発行人　鈴木善行

編集担当　井上留美子

発行所　株式会社オレンジページ

〒一〇五-八五八三　東京都港区新橋四-一一-一

電話　〇三-三四三六-八四二四（ご意見ダイヤル）

〇三-三四三六-八四〇四（編集部）

〇三-三四三六-八四一二（書店専用ダイヤル）

〇一二〇-五八〇七九九（読者注文ダイヤル）

印刷・製本　図書印刷株式会社

© Shoyo Yoshimura　Printed in Japan　ISBN978-4-86593-453-3

・この本は2016年2月に弊社より刊行された『禅に学ぶくらしの整え方』に新規内容を加え、再構成したものです。

・万一、落丁・乱丁がございましたら、小社販売部あてにご連絡ください。送料小社負担でお取り替えいたします。

・定価はカバーに表示してあります。